语文新解系列

丛书主编 过常宝

初中外国作品新解

胡春梅 著

北京师范大学出版集团
BEIJING NORMAL UNIVERSITY PUBLISHING GROUP
北京师范大学出版社

总序

语文应该教什么？这个问题有两重内涵：一是语文以什么而教，二是语文要教给学生什么。语文新课标提出了以语言文字为中心的四个“核心素养”：语言建构与运用、思维发展与提升、审美鉴赏与创造、文化传承与理解。将四大核心素养作为教学目标，我觉得这个提法很好，能够体现语文要培养国民民族文化品质和人文素养的要求，体现语文学科的“人文性”特点。新课标在以什么而教这个问题上，特别强调了语言文字，而这一点值得讨论。我们通常说语文是教课文的，这个说法既是常识，也是科学的。所谓教课文，就是以经典文章为教学载体，在此基础上教授语言文字、思维、审美和文化。是教语言文字还是教经典文章，其中的差别非常大。

中国语文教育的历史非常悠久，并积累了丰富的经验。孔子是中国古代最早开展社会教育的教育家，《论语·先进》提到“孔门四科”：德行、言语、政事、文学。所谓“文学”，就是精通“诗书礼乐”。此后，礼乐也都经典化了，所以“文学”指的就是经典文献。而德行、言语、政事三科则是在“诗书礼乐”教化下形成的人格修养，以及利用“诗书礼乐”进行外交活动，培养治国理政的能力。所以，“文学”相当于今天的“语文”，而与“文学”相对的“言语”，则是某种“语言运用”，诸如外交应对、君臣问答等。中国传统文化的载体是经典文献，士人的基本素质教育就是经典教育。这些经典文献具有以下重要价值：

第一，经典具有绝对价值，是思想观念的源泉。孔子之时，中国经典文献是《易》《诗》《书》《礼》《乐》《春秋》。东汉时，汉灵帝下令将儒家七种经典文献刻石，此后多个朝代都有刻经于石的举措，这是为了给天下学子提供规范的经典文本。此外，王安石、朱熹等人的经典传注都曾被朝廷认定为官方标准文本。这说明经典是中国文化的思想渊源及价值标准。在中国文化中，存在着经典信仰的传统，敬重经典，保证经典的独特地位，是中国传统文化的特点之一。

第二，经典具有建构价值，是文化构成的主脉。汉代以后，经典的范围有所扩大，“六经”的传疏笺注、诸子文献、史记政论、诗赋辞章等，其中的优秀作品，也都通过种种途径被经典化，成为教化的载体。三国曹丕《典论·论文》谓文章乃“经国之大业，不朽之盛事”。所谓经史子集四部，实际上是一种文化分类，从国家思想建构、社会规范形成到现实政治借鉴，再到个体自我的实现，体现了社会文化的总体构成。

第三，经典具有示范价值，是人格养成的阶梯。孔子所谓“兴于《诗》，立于礼，成于乐”，体现了他的“文学”教育思想。“兴”代表的是价值观念认知，“立”代表的是行为规范形成，“成”则代表了精神境界充盈。经典教育贯穿于士人教育的全过程。孔子“成于乐”说的是造就精湛深远的精神境界，涉及审美教育。对此，孔子还有另一种说法：“游于艺”（《论语·述而》）。由于“乐”过于专业，且应用范围较小，所以后世以诗词歌赋取代了“乐”。诗词歌赋是古代士人的基本素养，也是古代士人的精神故乡。

以经典为本体，是中国传统文化的重要特点，也是中国传统教育的主要方式，古人多是通过读经典或诗文选完成国民素质和文化修养训练的。经典是中华文化之根，也是价值之源，没有经典，或者缺少经典意识，就无法把握和传承传统文化。革命文化、社会主义先进文化乃至外国文化，都有自己的经典文本。经典文本既是文化精神和文化特征的载体，也是继承和传播文化最为重要的方式。

只有在文本的层面上才能讨论语言、思维、审美和文化。中国古代有着发达的语言文字、文化和学术，语言文字本身就是传统文化中很有代表性的一部分。研究语言文字的学术被称为“小学”，它最初是经典研究的工具之学，是经典教育的补充和支撑，后来也发展为戏曲、诗文方面的声韵格律之学。晚清以来，语言文字才真正成为一门独立的学问。舍弃经典文本，而以语言文字为语文教学的本体，难以充分体现思维、审美、文化等方面的功能，偏离了语文教学传统。基于以文本为核心的理念，我们组编了这套分类中学语文课文新解，希望能够有助于当下的语文教学。

语文教学首先是对课文内涵的理解。长期以来，我们都强调课文的思想性和写作特点，但从语文四大核心素养出发，课文具有多方面、多层次的内涵，仅限于从文本本身进行思想观念分析，往往会陈陈相因，讲不到位，甚至出现理解偏差。比如《曹刿论战》这篇课文，教材从某种价值理念出发，强调“以弱胜强”背后的“智慧”，以及对“肉食者”的鄙夷。但这篇文章能有多少智慧呢？打乱敌军的节奏，防止敌人诈逃，应该是最基本的战争技能，而鲁国君臣居然不能理解。再如，《庄子与惠子游于濠梁之上》《赤壁赋》两篇作品中的论辩，稍通逻辑，则知两者皆有诡辩成分，但教材偏要学生分析论辩如何精彩，等等。这些都是经典文章，但我们的教学并没有讲到点子上，没有讲透彻，因此会引起学生的困惑和质疑。长此以往，学生会逐渐丧失对经典的敬重之心，逐渐减弱对语文学科的兴趣和信心。这很令人担忧。因此，我们的语文教学必须与时俱进，必须强化对经典课文的多维阐释，精准发掘出课文的审美和文化内涵，真正体现出语言、思维、审美、文化的精要，使得语文课成为塑造青少年文化品质、人格精神的重要场域。

本丛书的作者大多是高校中青年学者，他们在各自的专业领域都有很好的造诣，并且一直关注中小学语文教学。本丛书立足于课文的主体地位，关注课文的文化背景和文本传统，关注课文的思想、审美、文化内涵及其呈现方式，结合作者自己的研究心得，参考学术界最新的研究成果，努力准确而深刻地再现课文的经典意义，多维度拓展课文的知识和意蕴，使得课文理解摆脱说教气和匠气，以深厚的文化理性和个性化的审美品质来锻造学生的人生智慧和民族精神；以趣味性和挑战性激发出学生学习语文的热情。除了“文本解读”外，丛书还设计了“知识要点”“学习拓展”和“教学建议”等辅助性内容，围绕文章主题提出延展性学习建议，为教学活动提供支持。

学习经典，传承经典，是中华优秀传统文化能够一脉相承的主要原因之一。语文教学必须坚持以经典著作和经典文本为主体。文本的经典性体现为语言价值、文化价值、文学价值、文章学价值等，而我们对各项价值的认同与获取，在很大程度上又依赖经典文献，一旦贬低了经典的地位，也就动摇了各种人文价值观念。这是我们为什么要强调以经典文本为语文本体的原因。而立足于经典文本，提升学生语文四大核心素养，就是语文教学的目的。

过常宝

目录

童话、寓言

皇帝的新装

《皇帝的新装》是安徒生在其创作生涯的成熟时期所创作的一篇童话。它不仅丰富了童话这一文学体裁的内涵和形式，而且为后来的文学创作提供了宝贵的启示和借鉴。这部作品以其深刻的主题思想、独特的艺术特色和广泛的社会影响，成为儿童与成人都喜爱的著名童话。

文本解读

1. “三试探”

依据骗子行骗的线索，全文可以划分为“皇帝爱新衣”“骗子谋骗”“皇帝受骗”“大臣助骗”“皇帝挨骗”“百姓传骗”“小孩揭骗”几个部分。“皇帝爱新衣”是骗术得以实行的缘由，接下来便是谋骗、受骗、助骗、挨骗、传骗、揭骗一连串行动，主人公皆不相同又相互联系，勾勒出那个荒唐时代的众生相。

除了童话的基本内容，我们可以探究一下童话的叙事结构。叙述内容的基本成分是故事，而内容的存在形态就是结构。叙事作品的结构是指作品中各个成分或单元之间关系的整体形态。[①]叙事性作品是一种话语系统，我们可以从两个维度分析作品的叙述结构。一种是历时性维度，即依据叙述的前后顺序研究句子与句子、段落与段落、事件与事件之间的关系，此为表层结构；另一种是共时性维度，研究各个要素背后的话语意义及故事之外的文化背景，可以称为深层结构。在本节我们所指的叙事结构是指前者，一种历时性的表层结构。《皇帝的新装》主体内容的叙事结构，是童话、民间传说，以及儿童故事常使用的“三段式”结构，在文本中体现为“三试探”。

一试探：诚实的老大臣。善良的老大臣第一个来到骗子织布的屋子，他什么也看不见，但为了不让人知道自己不称职或是愚蠢，他只能向皇帝撒谎。

二试探：诚实的官员。比起第一次老大臣试探的叙述，官员的试探是略写。他也什么都看不见，但是为了不让人知道自己不称职，他也撒了谎。

三试探：皇帝与圈定的随员。终于皇帝开始亲自试探，但同

① 童庆炳：《文学理论教程》，242页，北京，高等教育出版社，1992。

时又声势浩地大圈定了一批随员，其中包括已经去过的老大臣与官员。由于这两个人总是带头赞美布料，皇帝为了不让人知道自己不称职或是愚蠢，也只能撒谎，跟着来的全体随员怀着相同的心理，随声附和、集体撒谎。

皇宫内的“三试探”虽然人物不同，但是内心活动与撒谎行为重复上演。可想而知，这样的事情传遍全国，全国更多的人也会如此，这也就是造成“百姓传骗”的根本原因。“三试探”的过程一遍两遍三遍地讲述，估计听众的内心能够得出显而易见的答案，在我们觉得滑稽荒唐的同时，也能深入人物的内心世界。难道真的是这些大臣、官员和百姓愚蠢或不称职吗？还是每个人内心都怀着深深的恐惧而不敢说出真相？

2. 对“新装”的阐释

地处北欧的丹麦，经济与文化的发展相比于西欧相对落后。英军于1807年炮击哥本哈根，摧毁了丹麦的舰队，丹麦便由中立倒向拿破仑一边，成为交战国。八年后，拿破仑战败，丹麦也成为战败国，失去了广大领土，丹麦最终成了英国的附庸国，社会局势动荡不安，全国经济一片萧条，刚刚兴起的小型工业也全部破产。任何一位文学创作者都不可能无视身边的生活、不受周围世界的影响。因此，19世纪初期的浪漫主义文学逐渐衰减，现实主义思潮兴起。《皇帝的新装》正是在这样一种背景之下诞生，作者从中世纪西班牙民间故事选取素材，又添加了讽刺与夸张的文学笔法，使一则古老的民间故事焕发出时代光彩和崭新的生命力。有人说童话是将真实推入幻境，所以总以“很久以前”“多年前”开篇；而《皇帝的新装》能够把虚幻反推到现实，直到今天大家仍会提起现实中的“皇帝的新装”。因而，对于“新装”的阐释可以从人的虚荣到王权专制直至“回到原点”的哲学思考三个层次进行。

（1）讽刺皇帝虚荣、众人盲从。

从文本表面，读者可以看到一个不务正业、不关心国家大事和百姓民生，只喜爱漂亮的新衣，不惜花掉所有的钱财的非常不称职的皇帝。总在更衣室里的皇帝的唯一嗜好就是炫耀他的新衣服，他爱听别人吹捧，并且爱慕虚荣。新衣服可能只是作者假想的一个道具，生活中那些虚荣心强的人只是为了追求虚假的荣耀忽视了事物本来的真相。

两个骗子不仅骗了老大臣、官员和皇帝，而且几乎骗了全城的人。为什么大家都忽略眼睛所看到的真相而集体选择撒谎，那是因为每个人都惧怕他人判定自己愚蠢或不称职，在人性弱点的怂恿之下，每个人都盲目依从骗子的说法。老百姓担心别人知道自己愚蠢而丢了颜面，大臣和官员担心自己不称职丢了乌纱帽，皇帝也担心别人发现自己愚蠢而丢了王位。所以，每个人眼睛看的不是织布机上的布料，而是自己的名与利。

（2）悲悯专制制度下人的生存状况。

童话开篇，骗子宣布了衣服奇怪的特性：任何不称职的或者愚蠢得不可救药的人，都看不见这衣服。皇帝心里想的是：可以看出在王国里哪些人是不称职的，哪些人是聪明人哪些人是傻子。首先，皇帝本人对骗子的话信以为真；其次，皇帝想借用这奇特的衣服来辨识人心、治理国家。骗子的鬼话也就成了皇帝的金口玉言，成为一国的金科玉律。“皇帝的新装”可以理解为专制制度。“专制”即凭自己的意志独断专行、操纵一切。专制制度之下，人民百姓没有发言权和话语权，“统治阶级把选定的意义当作真理，进行公开发布和流通运行”①。经过老大臣、官员及皇帝和随员官方认可，此番“真理”将在百姓之间进行流通循环，并且以此来塑造公民，因此出现了全城“传骗”的闹剧。当一个天真无邪的孩子揭示了骗局，皇帝也开始发抖，但是他却坚持把游行大典举行完毕，还显得更为骄傲。这也恰巧说明了，无论何种情况下，统治阶级也不会承认他们奉为真理、并使之流传的意识形态外衣所具有的欺骗性。

（3）回到事情本身的哲学思考。

既然全城“传骗”，每个人都心存忌惮，为什么小孩子说出了真话？因为他有一颗童心，他的眼睛看不到新衣因而就说“没穿衣服”，而成年人眼睛看不到新衣，内心却想的是这与自己的关联。童心，是不受世俗与社会浸染的纯净之心。李贽说：“夫童心者，真心也，若以童心为不可，是以真心为不可也。夫童心者，绝假纯真，最初一念之本心也。若失却童心，便失却真心；失却

① 王泉：《欺骗的意识形态外衣：〈皇帝的新装〉之阅读策略》，载《解放军外国语学院学报》，2011（05）。

真心，便失却真人。人而非真，全不复有初矣。”[1]李贽说童心便是人的真心，看到的是事情本身，展现的是真正的自己。童话的结尾，孩子的一句话揭穿了骗局，也在令我们深思回到事情本身的哲学命题。“事情本身”指事物本来的面目，更是指每个人真正的自我。“回到事情本身”意味着排除一切成见与定见，在意识之中追寻事情的本质，反思我们思想世界的“原点”，这也许要成为每一个人一生的追求与坚守。

3. 双重审美内涵

在专家的评价里，可以发现安徒生创作的双重审美内涵，既是迷人的情节、充满灵感的诗的构思、宽柔的幽默，又是高尚的道德题旨、真切的现实性、尖刻的嘲讽，正如文学家周作人称安徒生的童话作品为“小儿一样的文章，野蛮一般的思想”。也就是说，安徒生的童话故事新奇独特、语言幽默活泼，适合孩子们阅读；同时，在童话里也反映了真实的社会现实，甚至反映出作者对于劳动人民的无限同情及对社会黑暗的无尽批判。“双重内涵是成人（作家）与儿童（读者）两种审美意识协调互渗的结果，这种双重审美内涵也是儿童文学特质的基本内涵。”[2]无论作品属于哪种体裁，作者的创作源于现实生活，也希望通过文学作品反映生活、表现人生。童话作家把亲情、背叛、成长、死亡等各种文

① （明）李贽：《焚书》，97页，北京，中华书局，1961。
② 蒋风主编：《儿童文学原理》，47页，合肥，安徽教育出版社，1998。

学母题做了诗意化、抒情化的加工处理，以儿童的眼光和儿童化的语言进行童话创作。因而，童话首先具备“儿童性”，适合儿童阅读，那是为孩子们精心创作出来的成长读物；同时童话也具有“现实性”，适合在一旁守候的大人们。相信在为小朋友读完一则童话后，大人们也会会心一笑，从童话中有所发现、有所感悟。下文就从《皇帝的新装》对民间故事的改编看安徒生创作的现实性与儿童性这两个方面。

安徒生的童话作品，很多来源于民间故事。只不过安徒生并不是简单地收集记录民间故事，而是经过精心改编，加入了自己的创作思想。《皇帝的新装》原是一篇西班牙的民间故事，是满诺尔公爵所编的西班牙故事集《卢卡诺尔伯爵》第七篇，主要内容如下：

有一次三个骗子到皇宫要见国王，他们自称是织布做衣的高级技师，尤其擅长编织一种特殊的衣服——凡是私生子都看不见它。国王听说他们有这样的本领十分高兴，因为他想这样一来他就可以知道谁是私生子、谁不是私生子了，从而就可以解决继承权等许多问题。因为这里的惯例之一是私生子没有继承权。于是，国王就同意他们进宫做工。这三个人还说，如果国王不相信，可以把他们锁在宫里，等验证确实以后再释放他们。这样国王更加高兴了。

国王的使臣们都称赞三个人的布织得极好，因此国王就亲自去看。可是他没有看见任何织出来的布，吓得面如死灰——因为他被证明自己不是老国王的亲生子了。没有办法，他也只好竭力地称赞三个人的布织得好，文武百官都随声附和着。过大节的时候，国王还穿上了用这种布织成的一件“衣服”骑马游行街市。街市上没有一个人看得见这件衣服，可是却没有一个人敢说真话。最后还是国王的一个黑奴马夫，不在乎什么面子，才将骗子的阴谋揭穿。①

西班牙的民间故事并不长，对照故事原文与童话内容，可以鲜明地看出安徒生现实性与儿童性交织的创作特色。

（1）首尾改编。

民间故事的开头和结尾都指向骗子，仿佛骗子行骗、揭穿骗局是故事的主体内容。但是安徒生以“很久很久以前，有一位皇帝”开头，然后介绍了皇帝喜爱新衣服的特点。这样的开篇，首先引起了儿童的好奇心，对一个“喜爱新衣服”的独特的皇帝产生好奇。其次，对于大人来讲，大人们能够敏感地觉察出以皇帝作为童话的主角其实在间接反映当时的社会现实。

童话的结尾，是小孩子、孩子爸爸还有老百姓们纷纷发声，而且这一次说的都是真话。“对话体”让人物更为突出，儿童可以在头脑中想象出每个人说话的神态，勾勒出童话里游行大典的热闹场面。

① 陈宜安：《从〈皇帝的新装〉看安徒生童话对民间故事的继承与创新》，载《外国文学研究》，2001（03）。

（2）原因改变。

民间故事与童话最大的不同，在于什么样的人看不到这件神奇的衣服。民间故事中是“凡是私生子都看不见它”，而童话里是“任何不称职的或者愚蠢得不可救药的人，都看不见这衣服”。用衣服来测试谁是私生子，是因为在当地的惯例之一是私生子没有继承权，这样就可以解决一些社会问题。皇帝相信了，读者能够感受到皇帝的蒙昧愚蠢。而安徒生的改编可谓神来之笔，因为是否“私生子”是既定的事实，而能否承认“不称职”“愚蠢”揭示的是人的弱点。“私生子”的测试，可能只能适用于一个古老的年代；而对于人心的测试却能穿越时空、从古到今。

事情结尾，由谁来揭穿骗局也是意味深长。在原故事中由国王的一个黑奴马夫讲出了真话，因为他不在乎什么面子，似乎也暗含了对种族的偏见；而童话中是由一个小孩子最先发声，因为孩子天真无邪，没有世俗的功利心，也非常符合小读者的内心期待。

（3）增添细节。

安徒生描写最为细腻处有两点。第一，他详细描写了两个骗子的装腔作势，他们在两架空织布机上没日没夜地织布，每当有人来参观还能指着空气假装用心地介绍和赞美。经由作者的详细描写，两个骗子的行为举止更有画面感，能让小读者感到滑稽可笑。第二，他详细描写了人物的心理，将每个人明明看不见而又撒谎的内心想法淋漓尽致地呈现了出来，这样的效果让文中人物的言行更为真实，同时也在拷问着每个读者的内心。

《皇帝的新装》问世之后受到读者的欢迎，哥本哈根的演员在剧场幕间朗诵，观众笑得前仰后合，整个城市都知道有一个光身子国王的故事。正是安徒生高超的想象力与细腻真实的描写，让他的童话从北欧传遍了全世界。

知识要点

◎ 童话

童话是儿童文学的一种，通过丰富的想象，夸张塑造人物形象，反映生活，对儿童进行思想和审美教育。一般故事情节曲折生动、语言浅显活泼，对自然物往往作拟人化描写，能适应儿童的接受能力。

◎ 儿童视角

儿童视角是指用孩童的眼光、态度、思维方式和价值取向，作为创作主体挑选素材、组织情节的过滤器、摄像机甚或监视孔，并表现与儿童感知发生联系的那部分现实生活景观。[①]

① 王宜青：《儿童视角的叙事策略及心理文化内涵》，载《浙江师范大学学报（社会科学版）》，2000（04）。

◎《皇帝的新装》译本介绍

在中国，《皇帝的新装》可以说是家喻户晓，尤其受小读者喜爱。《皇帝的新装》由于内容之新奇、构思之巧妙，早在民国时期就被不少译者介绍到中国：刘半农译《洋迷小影》（刊于《中华小说界》，1914年7月），陈家麟、陈大镫译《国王之新服》，周作人译《皇帝之新衣》，赵景深译《皇帝的新衣》。而后，又出现了叶君健、任溶溶、林桦等多个版本，并且多次被选入中小学语文教材。

学习拓展

辑 评

● 的确，它们里面有许多东西，甚至在我们老年时也值得我们回味，值得我们"想想"。——叶君健，《安徒生童话选》

● 它既不承认一时兴起的荒谬想法，也不承认蛮横独断的向壁虚构，而是在传统的形式和现有的题材都不足以应付其特殊需求时，它以纯粹的自觉表达出天才的权利：选择新的题材，创造新的形式，直到发现一块肥沃的土壤来抚育它的一切能

力，而且温和地、随心所欲地培植它们。——勃兰兑斯，《世界文学》

● 在安徒生的童话里，非常迷人的故事情节是与高尚的道德题旨相统一的，天真烂漫是与深邃的生活智慧相交织的，真切的现实性是与充满灵感的诗的构思相渗透的，宽柔的幽默是与含蓄的揶揄、尖刻的嘲讽相融合的。游乐与严肃、逗趣与幽怨、平凡与奇异的惊人和谐，构成了安徒生童话的风格特征。——叶甫盖尼·勃兰蒂斯①

参考文献

①［丹麦］安徒生：《安徒生童话选》，叶君健译，北京，人民文学出版社，1978。

②［苏］伊·穆拉维约娃：《安徒生传》，马昌仪译，上海，上海文艺出版社，1981。

③［丹麦］安徒生：《我的童话人生》，傅光明译，北京，中国文联出版社，2005。

④小啦、［丹麦］约翰·迪米留斯主编：《丹麦安徒生研究论文选》，合肥，安徽少年儿童出版社，1999。

⑤李红叶：《安徒生童话的中国阐释》，北京，中国和平出版社，2005。

① 匡咏梅：《从丑小鸭到白天鹅——安徒生和他的童话》，载《中文自修》，2000（03）。

教学建议

1. 童话中的人物，有的进行了详细的心理描写，如老大臣和官员；有的没有心理描写，如托后裙的内臣、站在街上的人。试着结合童话的情境走进人物内心，补充不同人物的心理活动。

童话由于口头讲述及篇幅的限制，往往对人物的心理描写不是很多。但是，只有身临其境、对人物的内心世界有所联想，才能够更好地理解人物。

2. 童话表面是写“皇帝的新装”，实际上以“新装”象征人的一种心理状态或是一种社会现象。请结合自己的现实生活，谈谈你认为的“新装”的意义。

安徒生童话之所以广为流传，正是因为其永恒的生命力。童话既能够满足儿童的好奇心与想象力，又能够突出其象征意义，帮助读者理解与分析社会生活。“新装”的象征意义是理解本文的难点，可以指导学生结合实际生活说出自己的想法。

3. 尝试将童话改编为课本剧表演，注意以语言、神态和动作表现出人物的内心世界。

《皇帝的新装》情节新奇、人物形象鲜明。课本剧表演能够充分调动学生的兴趣，将对文本的理解转化成对人物的表现，也可以让未参演的学生来进行点评。

赫尔墨斯和雕像者
蚊子和狮子

《伊索寓言》在世界文学史上占据着重要的地位，被誉为西方寓言体文学的开山之作。寓言故事往往情节简洁明了，语言生动形象，通过寓言的形式揭示社会现实和人生哲理，使读者在欣赏故事的同时获得深刻的思考和启示。《伊索寓言》还对西方文学和文化产生了深远的影响。其中许多故事被后人改编、引用，成了西方文学和文化传统的重要组成部分。

文本解读

1. 寓言两大要素

拉封丹曾说："一个寓言可以分为身体和灵魂两部分：所述的故事好比是身体，所给予人们的教训好比是灵魂。"一般寓言由两大要素构成：一是故事性，二是寄寓性。即前一部分是虚构性的故事，后一部分是含有寓意教训的话语，一般排列都是故事在前，寓意在后。这两大要素形成了寓言的双重结构，即表层结构与深层结构。表层结构讲述故事，深层结构揭示寓意，双重结构密切相连、彼此相通。因而，寓言的故事不在于人物刻画或是细节铺陈，而在于引导出深层的寓意与道理。这种寓言形式成为西方寓言形式的传统，鼻祖是《伊索寓言》。《伊索寓言》是一部寓言文学专集，因此它的创作动机是纯文学性的，就是通过隐含在故事中的寓意来劝诫、教化、启迪读者和听众。

《赫尔墨斯和雕像者》全文分为两部分，第一部分讲述了神使赫尔墨斯在人间一个雕像店里的三次问价，以详细的对话完全呈现，生动地再现了人物内心的预期与实际的巨大反差。第二部分仅仅一句话——“这故事适用于那些爱慕虚荣而不被人重视的人。”揭示了故事的寓意。《蚊子和狮子》全文分为两部分，第一部分讲述了弱小的蚊子战胜了强大的狮子，却败给了小小的蜘蛛。显然，对抗狮子时“吹着喇叭”是鼓足勇气与战斗士气，而战胜后“吹起喇叭”是洋洋自得、骄傲自满。第二部分是一句话揭示寓意：“这故事适用于那些打败过大人物，却被小人物打败的人。”

2. 拟人化

伊索寓言大量采用了拟人化的手法来消弭动植物、无机物、人、神之间的界限。《伊索寓言》的主人公有动物、植物、人及神。据相关文献统计，罗念生等翻译的《伊索寓言》中共有330篇寓言，其中纯以动物为主人公的有169篇，占到了全书的51%；以动物和人为主人公的57篇，以动物和植物为主人公的5篇，以动物和劳动工具为主人公的3篇，以动物和神为主人公的7篇，共计72篇，占到全书的22%。拟人是一种修辞方法，即把事物人格化，将本来不具备人的动作和感情的事物变成和人一样具有动作和感情的样子。结合《赫尔墨斯和雕像者》《蚊子和狮子》，可以看出拟人化的三个特点。

（1）依据事物的特征拟人化。

莱辛有过精彩的论述："寓言诗人把动物提高到有道德观念的众生，其真正的原因乃是动物所具有的众所周知的亘古不变的性格。"[①]这句论述可以放大来看，不只是对寓言中的动物，对植物、神、物品也是一样，是依据其本身的众所周知的特点进行拟人化。例如，宙斯是古希腊神话中俄林波斯圣山上众神之王，是希腊神话中最伟大的神祇，维持着天地间的秩序。赫拉是宙斯的妻子，掌管婚姻和家庭。而赫尔墨斯仅是宙斯的儿子，掌管旅行和商业。显然三者之间地位有别，将赫尔墨斯比作不受重视的人非常贴切。同样，蚊子、狮子、蜘蛛体形悬殊，狮子是百兽之王、善于攻击，是大人物与强者的代表。而蜘蛛体形弱小，常常躲在角落不为人所知，自然是小人物与弱者的代表。吹着喇叭、聒噪而嚣张的蚊子，由于自己的飞行本领在现实生活中既能叮咬

① 刘小枫：《德语诗学文选·上卷》，4页，上海，华东师范大学出版社，2006。

狮子，也会被蜘蛛网套住，符合寓言中的拟人化设计。

（2）充满幽默情趣和丰富想象。

对比其他民族的神话故事，希腊神话具有“神、人同形同性说”，即神与人有明显区别，同时神和人也是同形同性。这个特征也体现在的《伊索寓言》中。首先，神和人区别鲜明。神长生不老，可随意变形，各具特殊本领和巨大威力，对人类的生杀祸福起着决定作用。其次，希腊神话中的神同人一样，有情欲、有善恶、有计谋、互有血缘关系，都是人格化了的形象。例如，赫尔墨斯作为十二主神之一威力巨大，可以化作凡人来到人间。但是他如同普通人一样，虚荣心作怪，想要知道自己受到了多大尊重，悄悄地同神王宙斯与神后赫拉做了比较。赫尔墨斯三次问价钱也是耐人寻味的，第一次问宙斯的雕像值多少钱，是一般性的试探，没带什么感情色彩；第二次问赫拉的雕像值多少钱，便带有一点嘲笑的味道；第三次问到自己的雕像，因为身为神使，又是商人的庇护神，因而信心十足，没想到事与愿违。

（3）揭示人生道理与生活智慧。

同教材中《寓言四则》的《穿井得一人》《杞人忧天》相比较，《赫尔墨斯和雕像者》《蚊子和狮子》浅显易懂，主要揭示了人生道理与生活智慧。我国战国时期诸子作品都保留了大量的寓言，最突出的是《庄子》《孟子》《韩非子》《墨子》《吕氏春秋》等，先秦寓言大都夹杂在诸子散文和历史散文之中，是“士”阶层申述政治观和哲学观时为了博得主人的信任而采用的陈情说理的工具。先秦很多寓言充满了浓郁的哲理化倾向，例如，出于

《列子》的《杞人忧天》，全文以杞人和晓之者二人对话构成，告诉人们不要毫无根据地忧虑和担心。而《赫尔墨斯和雕像者》《蚊子和狮子》更多体现了平民文学的特点，通俗易懂，显然源于生活实际也体现了人民群众的生活经验与智慧。

3. 寓意是什么？

整部《伊索寓言》主要是用这样的两种格式：（1）先讲故事，结尾说“这个故事适用于……的人”。如《赫尔墨斯和雕像者》就是如此。（2）先讲故事，结尾把寓意点明。如《农夫和蛇》：

> 一个农夫在冬天看见一条蛇冻僵了。他很可怜它，便拿来放在怀里。那蛇受了暖气，就苏醒了，等到恢复了它的本性，便把它的恩人咬了一口，使他受了致命的伤。农夫临死的时候说道：“我怜惜恶人，应该受这个恶报！”
>
> 这故事是说，对恶人即使仁至义尽，他们的本性也是不会改变的。①

寓言结尾是：“这故事是说，对恶人即使仁至义尽，他们的本性也是不会改变的。”寓意说得清清楚楚、明明白白。从文本本身

① ［古希腊］伊索：《伊索寓言精选》，罗念生等译，36页，北京，人民文学出版社，2003。

来看，《赫尔墨斯和雕像者》《蚊子和狮子》的寓意表达属于第一种格式，作者并没有直接点明寓意，只是说明寓言所指的对象。

结合前面的故事，可以分析得出《赫尔墨斯和雕像者》的寓意是，人应该客观认识自己，与人攀比、爱面子等虚荣表现对自我的成长与发展不利。《蚊子和狮子》的寓意较为丰富，有如下几点：寓意1——遇事要冷静。狮子的怒气和蚊子的骄傲，都是不冷静的表现。寓意2——智者胜，骄者败。蚊子战胜狮子靠的是智慧，“专咬狮子鼻子周围没有毛的地方”；蚊子败给蜘蛛是因为骄傲，战胜了强大的狮子冲昏了它的头脑，一不小心被蜘蛛网粘住了，无路可逃。寓意3——在一定条件下强和弱是可以相互转换的，只有“自我”才是立足的关键。蚊子比狮子弱小却战胜了狮子，蜘蛛比狮子弱小，却打败了蚊子。强与弱是相对的，但任何时候都不能迷失“自我”，“自我”是生存与立足的关键所在。

知识要点

◎《伊索寓言》

《伊索寓言》是世界上最古老的寓言集，被誉为“西方寓言的始祖”。《伊索寓言》大部分是拟人化的动物寓言，但也有少部分以普通人或神为主人公。它通过简短而精练的小寓言故事来体现人生道理与生活智慧。《伊索寓言》主要表现下层平民和奴隶的思想感情，是生活教训和斗争经验的总结，在艺术上具有浓郁的民间文学色彩。《伊索寓言》是伊索所处时代前前后后产生的许多寓言的汇编，是古希腊人的集体创造。它的影响更多是在欧洲范围，如法国的《拉封丹寓言诗》和俄罗斯的《克雷洛夫寓言》，都从《伊索寓言》中汲取丰富的营养，甚至直接从中借用故事情节进行再创作。

◎ 寓言文体

普列汉诺夫在《没有地址的信》中，用丰富精彩的例证阐明："从有用的观点对待事物（当然也对待行为）的态度，是先于从审美快感的观点对待事物的态度的。"这是人类心理活动的自然规律，文学艺术起源也都首先是基于"有用"的心理需要才产生的。伴随着社会的发展，朴素的唯物辩证法思想从人们的脑海中涌现出来。在人类的认识由感性认识跃进到理性认识的阶段，寓言这一文体应运而生。世界寓言的三大发祥地为古代中国、古希腊、古印度，这三处的寓言遗产都很丰富，如先秦寓言、伊索寓言、印度寓言。

◎ 古希腊神话

古希腊神话是原始氏族社会的精神产物，是古希腊人集体的口头创作，大约产生于公元前8世纪以前。它把自然界万事万物拟人化、神话化，也把人类精神领域、感情领域和社会生活领域的现象拟人化、神话化[①]，创造出动人的故事和鲜明的形象。希腊神话是古希腊文学艺术的宝库和土壤，对《伊索寓言》有很大影响。

学习拓展

辑　评

● 《伊索寓言》中的故事，既能让儿童得到快乐和满足，也能让成人获得有益的反思；这些故事虽然不能在他的记忆中保持一生，但是让他在自己此后的成熟思想和严肃事务中时时回忆起它们，他也决不会为此感到遗憾。——约翰·洛克，《教育漫话》

● 寓言是穿着外衣的真理。——陀罗雪维支，《寓言的寓言》

① 郑克鲁主编：《外国文学史（上）》，12~13页，北京，高等教育出版社，1999。

参考文献

①［古希腊］伊索：《伊索寓言精选》，罗念生等译，北京，人民文学出版社，2003。

②［古希腊］伊索：《伊索寓言全集》，李汝仪译，南京，译林出版社，2010。

③鲍延毅：《寓言辞典》，济南，明天出版社，1988。

④陈蒲清：《寓言传》，长沙，岳麓书社，2014。

教学建议

1. 教学寓言时，要得到寓言的寓意，必先理解寓言的故事；既要重哲理教训的感悟，又要重故事情节的品析，这样才能让学生感受到寓言有“理”有“味”。如赫尔墨斯三次问价，每一次都带有不同的情感，教师在教学时可以指导学生朗读，提醒学生注意赫尔墨斯三次探问时的语气变化，让学生在朗读中体会人物心理，明晰寓言的寄寓。

2. 由于寓言双重结构的文体特征，对于故事情节及故事中形象本身不用过多强调，要对故事的寓意及现实意义进行深入探讨，对寓言文本和实际生活进行比较，将寓意的理解运用于现实生活中。

3. 教材这一课题为《寓言四则》，即把一组寓言故事放在一起学习。自然就打破了传统课堂的平静，将“一篇”引向“一组”。但是《伊索寓言》与我国先秦寓言异中有同，学生通过横向比较能发现寓言文体的一般特点及各自的特色，语文学习更为深入。

诗歌、散文诗

假如生活欺骗了你

《假如生活欺骗了你》是俄国诗人亚历山大·谢尔盖耶维奇·普希金于1825年创作的一首著名诗歌。这首诗写于普希金人生中的青年时期，其中充满了诗人对未来的憧憬和生活的热情；这首诗也是普希金在遭受生活的打击和挫折后，用以自我鼓励和慰藉的作品，它表达了一种积极向上的生活态度和乐观的人生哲学。

文本解读

1. “欺骗”如何理解？

“假如生活欺骗了你”是本首诗歌的题目，也是诗歌展开的一个背景。什么是“生活欺骗了你”？如何理解此诗歌中的“欺骗”？每一个人应该如何面对“生活的欺骗”？

（1）对于“欺骗”的理解。

按照词语解释，欺骗是用谎话或虚假的行动来蒙蔽人。生活的欺骗，或许是我们竭尽全力却得不到回报，或许是我们一片赤诚却换来冷眼相对，或许是理想很丰满而现实很骨感，或许是纯真无瑕的心灵遭遇圆滑世故的现实……由于诗歌的语言和内涵具有模糊性、多义性和不确定性的特点，这就要求我们要积极调动自己的生活经验对诗歌进行解读，用生活现实填补诗歌的空白点。生活欺骗了你，每一个人在成长的道路上无法避免，因而能够激发读者强烈的共鸣。

（2）如何面对生活的“欺骗”。

除了全诗总起的第一句提供了诗歌背景，后面的两节均是在表达如何面对生活的“欺骗”。首先是亲切地劝慰，如诗歌第一节内容：“不要悲伤，不要心急！忧郁的日子里须要镇静：相信吧，快乐的日子将会来临。”人们在不幸的境遇中，首先需要做的是安抚情绪，不悲伤、不心急，保持镇静和乐观的心态。其次进入理性分析，诗歌第二节内容：“心儿永远向往着未来；现在却常是忧郁：一切都是瞬息，一切都将会过去；而那过去了的，就会成为亲切的怀恋。”未来、现在、过去是理解后三句诗的关键词。现在忧郁，内心应该想的是未来，在未来所有的挫折与痛苦都会过去。诗人是站在现在的角度遥想未来。而当未来已至，我们回想过去，那现在的忧郁已经成为一种怀恋。诗人是站在未来回想现在。现在与未来，通过关键词可以看出诗人是以广阔的宇宙观来看待生活的苦难，任何事情都将随着时间的流逝成为沧海一粟。而在时空这样的大范围下，此时此刻之苦有可能是彼时彼刻之乐，福祸相依，以一种哲学的智慧来看待生活。

特级教师王君在其论文中这样总结[①]，诗人为世人摆脱痛苦找出了三个方法。方法一是心态的修炼：不要忧郁，不要心急，一如苏轼所说的“猝然临之而不惊，无故加之而不怒”。方法二是时间观念的修炼：心要向着前方和未来，要有“瞬息”和“过去”的大宇宙观念，一如哲人所说的“一切解决不了的，都交给时间”。方法三是哲学思维的修炼：万事万物都是互相转换的，此时的“苦”就是彼时的“乐”，此时的“噩梦”就是彼时的“怀念”，死生相存，祸福相倚，若能悟透这个道理，便能有静定之心面对困厄，获得解脱。从这个角度讲，诗人正是用质朴的语言，传递了丰富而深刻的生命智慧，给我们留下了巨大的想象空间和反省空间，才使诗歌获得了永恒的生命力。

2. 诗歌中的“你”是谁?

《假如生活欺骗了你》创作于1825年，正是普希金流放期间创作的。在这一段幽禁时期，普希金的生活无疑是孤独、寂寞的，被迫与亲朋好友分离，被迫与世隔绝。与其孤寂的生活形成鲜明对比的则是当时如火如荼的俄国革命。普希金虽然出身于俄

① 王君：《一次成功的灵魂按摩》，载《语文教学通讯》，2014（35）。

国的一个贵族家庭，却一生致力于革命事业，但是此时自己却不能参与革命活动，不能进行自己热爱的事业，心中难免感到沮丧。即使生活在这样的状态下，普希金仍然没有丧失生活的希望，没有放弃自己的斗志，依然执着地相信生活、追求理想。白天，诗人与淳朴的农人为友，听他们唱歌，与他们聊生活；夜晚，他与亲密无间的奶妈为伴，听着奶妈娓娓道来的故事，心灵得到了慰藉，为其愁闷的生活增添了一丝色彩。尤其是邻近庄园奥西波娃的女儿姬姬的天真可爱更是感动了普希金。当这位美丽可爱的女孩儿要求普希金为她题词留念时，普希金在她的纪念册上一气呵成地写下了《假如生活欺骗了你》一诗，既是对孩子真诚的劝慰，也是诗人在逆境中的自勉。

《假如生活欺骗了你》语言亲切通俗，采用第二人称劝慰的口吻。全诗充满真切的抚慰与理智的劝导。例如，诗中所用“悲伤”“心急”“忧郁”这一类词的呼应，以及对当下心灵状态的描绘“现在却常是忧郁”，这些都是人类生命最原初、最恒久、最深刻、最无奈也最现实的体验。诗人这是在直面人生困境，和读者一起探讨出路，写作姿态是谦和的，也是明朗和阳光的。对于大众，这是一种共鸣，也是一种同情，更是一种抚慰。诵读全诗，既能呈现出普希金与邻居女孩儿促膝长谈的画面，又能感受到诗人何尝不是在劝慰自己和鼓励自己。

知识要点

◎ 普希金

普希金被称为“俄罗斯诗歌的太阳”。屠格涅夫曾说，普希金不仅创造了俄罗斯语言，而且创造了俄罗斯文学。他是俄罗斯浪漫主义文学的杰出代表，也是俄罗斯现实主义文学的奠基人。

普希金一生中写作了大量诗歌，有早期的政治抒情诗、讽刺短诗，还有大量的抒情诗、童话诗，其中著名的有《自由颂》《致恰达耶夫》《渔夫和金鱼的故事》等。普希金的诗歌艺术包括三个方面：第一是真诚，别林斯基专门提出“真情”这一概念评论其诗歌特点；第二是朴素而优雅，诗歌的情感是诚恳质朴的，而且体现出作为艺术家的情感和思想品位；第三是诗歌语言简洁，具有独特的音韵美。

◎ 外国诗歌的翻译艺术

外国文学作品是由外国作者用外语写成，而后由我国的翻译者译成中文译本。同样道理，对于其他国家而言，我国的文学作品也是外国文学，也需要由外国的译者进行翻译才能够被本国读者阅读。所以，外国文学作品除了作者创作，译者的翻译不可或缺。译者不仅在从事语言翻译，也是在对作品进行二次创作。

北京大学许渊冲教授以图示来表示外国文学作品的形成。对于原创作者和翻译者而言，他们生存的世界是“异”。有的是地域文化的差异，有的是时代风尚的差异，等等。作者完成作品，二者之间步调统“一”，而译者需要“依”据作品的原貌来翻译作品。这其中既包括语言翻译，也包括对于作品的“艺”术创作。那么，译作相对照于原作品而言，可谓大有不同了（“易”）。但是，译作必须符合本国读者的阅读习惯，经过艺术加工达到“怡”的效果。（见图1）

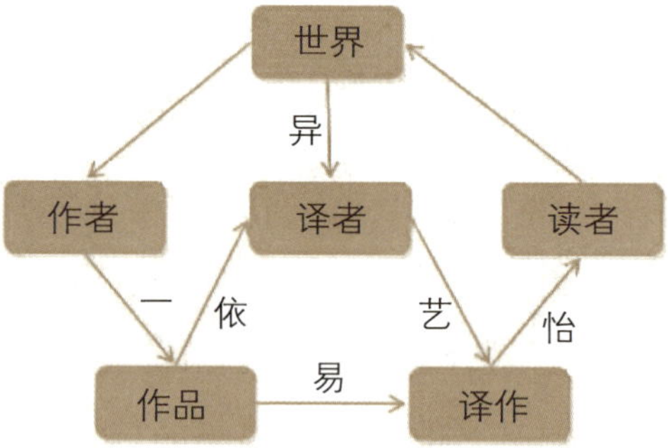

图1　文学翻译作品六要素关系图[①]

有人说，诗歌翻译是丢失的艺术，即使再高明的译者也很难准确地把握原作的艺术精华，并将其独有的风格与文字内里的意蕴传达得惟妙惟肖。文学翻译不仅是语言的替换，而且是一种文学创作。除了译者的风格不同以外，不同时期的言语变迁也给翻

① 许渊冲：《文学与翻译》，151页，北京，北京大学出版社，2016。

译作品留下了时代的印记，这些特征都可以转化为外国诗歌教学的方法和策略。

学习拓展

● 中外诗歌的内容和形式或多或少会彼此影响，这些影响有的是直接发生、有据可查的；有的并没有实际相关性，只是在作品中发现了近同。以下是与普希金的《假如生活欺骗了你》相关性很高的两首中国当代诗歌，供大家阅读参考。

假如你欺骗了生活

宫　玺

假如你欺骗了生活
以为神鬼不知，心安理得
且慢，生活并没有到此为止
有一天，它会教你向它认错
大地的心是诚实的
孩子的眼睛是诚实的
人生只有一步一个脚印

才会有无悔的付出无愧的收获

假如生活重新开头

邵燕祥

假如生活重新开头，
我的旅伴，我的朋友——
还是迎着朝阳出发，
把长长的身影留在背后。
愉快地回头一挥手！

假如生活重新开头，
我的旅伴，我的朋友——
依然是一条风雨的长途，
依然不知疲倦地奔走。
让我们紧紧地拉住手！

假如生活重新开头，
我的旅伴，我的朋友——
我们仍旧要一齐举杯，
不管是甜酒还是苦酒。
忠实和信任最醇厚！
假如生活重新开头，

我的旅伴，我的朋友——
还要唱那永远唱不完的歌，
在喉管没有被割断的时候。
该欢呼的欢呼，该诅咒的诅咒！

假如生活重新开头，
我的旅伴，我的朋友——
他们不肯拯救自己的灵魂，
就留给上帝去拯救……
阳光下毕竟是白昼！

时间呀，时间不会倒流，
生活却能够重新开头。
莫说失去的很多很多，
我的旅伴，我的朋友——
明天比昨天更长久！

参考文献

①［俄］普希金：《普希金诗集》，戈宝权译，北京，中国社会科学出版社，2007。
②徐鲁：《普希金是怎样读书写作的》，西安，陕西师范大学出版社，2018。

教学建议

1. 诗歌教学需要多朗读。《假如生活欺骗了你》和缓的语气、劝说的口吻及乐观积极的态度如何体现？通过多种形式的朗读体会诗歌情感。读的方式可以是个人朗读、同桌对读、全班齐读，朗读时的对象可以是自己、同桌，也可以是心中的一位朋友。诗歌朗读应当贯穿教学始终，直至学生能够背诵全诗。

2. 诗歌关键内容学习。《假如生活欺骗了你》既是诗歌题目，也是全诗首句，而且设置了全诗延展的一个背景。关键词“欺骗”需要结合具体情境，既包括诗人的写作背景，也包括学生的真实生活。只有在具体情境之中讨论什么是“生活欺骗了你”、如何面对“生活的欺骗”才能理解诗歌的情感及蕴含的哲理。

3. 从诗歌阅读到诗歌写作。学习了诗歌的内容、结构、修辞等，带入学生的真实生活，可以选择《假如你欺骗了生活》《假如生活重新重头》等题目，引导学生尝试写小诗。

未选择的路

《未选择的路》是由美国诗人罗伯特·弗罗斯特于1915年创作发表的诗歌。有人将艾略特与弗罗斯特两位著名的现代诗人作比较，艾略特的诗歌表面艰深实则易懂，而弗罗斯特的诗歌表面通俗实则难解。这里的“表面”指的是诗歌外在的词语句法，而与其相对的是诗歌内在的情感与内涵。弗罗斯特的诗歌，表面上写的是自然风景、日常生活，可诗歌蕴含的情感与对生活的体悟更为深刻。可以这么说，“当你理解了弗罗斯特的诗歌，你就会十分透彻地理解世界对于一个人意味着什么”[①]。

① 常耀信：《美国文学简史》，938页，天津，南开大学出版社，2008。

文本解读

1. 关于“路”的理解

全诗中最主要的意象是林间小路，一条被作者选择，一条未被选择。显然这里空间上的路，象征了我们做事处事的方法及人生的发展路径，并呈现出哲理诗的文学结构。“根据认知规律，人类的空间意象图式可以归纳为三个互相连通的空间关系：物理（存在）空间→认知（心理）空间→语言（概念）空间。”[①]解读的时候，则需要从语言（概念）空间结合物理（存在）空间具体阐释认知（心理）空间，即通过实际之“路”的形象理解其象征意义。具体而言，诗歌中的“路”有三重含义：实际道路、方法路径、人生之路，如表1所示。

表1　“路”的三重含义

	前提（选择前）	影响（选择后）	缘由（选择）
实际道路	面临岔路口	不同目的地	
方法路径	面对问题	不同效果	
人生之路	面对人生选择	不同生活	

① 刘源佳：《人生即选择——罗伯特·弗罗斯特名作〈未选择之路〉的空间意象图式分析》，载《外国语文研究》，2020（05）。

最为表面的“路”，就是林间小路。因为面临岔路口所以要做出选择，选择不同的行走道路一路上风光不同，到达的目的地也不同。此外，“路”可以象征我们面对问题时解决问题的方法路径，不同的方法会产生不同的效果。另外，“路”也可比作人生选择，不同的选择带来不同的生活，也可能让我们成为不同的人。古今中外不少诗人作家都曾使用了“路”的这种双重意义，比如，屈原的诗中有“路漫漫其修远兮，吾将上下而求索。”鲁迅也说：“其实地上本没有路，走的人多了，也便成了路。”他们都赋予了“路”不同的含义，表达了对人生的不同看法与态度。无论是实际道路还是人生之路，不同的选择必定带来不同的结果，但是选择背后都隐藏着为何选择的重要缘由与自我判断。

2. 选择与未选择

弗罗斯特在其早期诗作《生存考验》中曾说过：“我们受苦受难的生活，不过是我们莫名其妙的选择。”[①]可能有的选择源于慎重的思考，有的选择则无法分辨取舍，仅是一时之举。但只要是选择，就会产生选择后的结果，往往一时之举却带来很大的差异与不同。因而，当我们谈论“选择”时，离不了“未选择”。从全诗来看，题目是《未选择的路》，内容也包含了选择和未选择两

① ［美］理查德·普瓦里耶、［美］马克·理查森：《弗罗斯特集（上）：诗全集、散文和戏剧作品》，曹明伦译，38页，沈阳，辽宁教育出版社，2002。

个部分。

（1）关于“选择”。

全诗分为四节，第一节告诉读者选择的前提，因为“黄色的树林里分出两条路，可惜我不能同时去涉足”。对于每一条路都可以极目远望，但是涉足行走的只能是一条路。第二节说明了选择的原因：“荒草萋萋，十分幽寂，显得更诱人，更美丽。”表明我不怕走小路，更喜欢幽寂和美丽。第三节感叹选择的矛盾，因为在某一时刻两条路看起来没有区别，但只要走上一条路另一条路便无缘再见，不可能同时拥有。第四节升华了选择的意义，选择决定了一生的发展道路。由此来看，全诗围绕林间小路的选择，讨论了关于“选择”的前提、原因、矛盾和意义，从日常生活中感悟深邃的哲理，依托普通的自然景象形象生动地表达出来。结合第二节作者的描写——“虽然在这条小路上，很少留下旅人的足迹”，可以推测“我”选择的缘由在于不随俗、富有挑战、充满奋斗的艰辛与欢乐。或许选择稳妥自有平常的享受，但选择挑战却充满奋斗后的愉悦。

（2）关于“未选择”。

虽然经过审慎的思考做出了一个选择，但在现实中选择后的经历常常让我们产生疑虑，甚至是对未选择者的无限畅想与念念不忘，可以说这是人类对更好（可能更好）生活的渴望。此时的“路”不仅是走向命运的道路，更是与之不断奋斗的过程。没有选择的道路是“我”对现在的思考，是克服现在命运的另一种可能性。行走在脚下的路时，内心念念所系却是那条“未选择的路”。

全诗除了第二节没有出现那条未选择的路，第一、三、四节均提及“我”对未选择的路的远望、怀想与思考。在第一节中，写道：“我向着一条路极目望去，直到它消失在丛林深处。”写出了诗人对于未选择的路同样关切、同样好奇；在第三节，写道：“留下一条路等改日再见！但我知道路径延绵无尽头，恐怕我难以再回返。”写出了诗人对未选择的路念念不忘，但同时愈行愈远。在第四节，写道：“我将轻声叹息将往事回顾：一片树林里分出两条路。”在多年以后，诗人并没有忘记当初选择的场景，对于未选择的路记忆犹新。

3. 始于情趣，终于智慧

弗罗斯特的诗常常以自然风光与日常生活为主体，充满了生活情趣。但是在对自然与日常的描写之中，能够体味出诗人蕴含在其中的智慧与理趣，甚至是对人生的思考。诗人布罗茨基认为，“弗罗斯特的诗大都是对话，都是交谈，有时是独白，是一个人与自己争吵，诗里面与之对话的人仅仅是一个替身”[①]。《未选择的路》可以看作诗人在向一个好友讲述自己“选择”的故事，也可以看作诗人在与自己对话，因为在字里行间能够读出诗人复杂的情感与内心的惆怅。

第一节中，“可惜我不能同时去涉足，我在那路口久久伫

① 颜世民：《岔路口的跷跷板游戏——弗罗斯特〈一条未走的路〉解读》，载《语文建设》，2010（Z1）。

立”。“可惜”“久久”等词汇，揭示了诗人选择时的游移不定，对于两条路难舍难分的复杂心情。第二节中，“但我却选择了另外一条路，……显得更诱人，更美丽”。对于另外一条路的喜爱之情溢于言表，因为这条路“更诱人，更美丽”完全捕获了作者的心。第三节中，“啊，留下一条路等改日再见！”，第四节中，“我将轻声叹息将往事回顾”，“改日再见”“轻声叹息”表明了作者即使做出了选择，依然遗憾于没有选择的那条路。因而有人说，《未选择的路》这首诗是一个陷阱，它并不是在传达为了个人志向坚定不移地向前这番简单的理解，而是通过选择前、选择中、选择后个人的内心独白，呈现出了我们在人生之中选择时的两难，既不能同时占有，也不能完全放下；因为某些缘由做出选择，也会因为某些缘由多次想到那些“未选择”，必定两者都出现在每个人的脑海之中。“选择”如何决定的？“选择”又决定了什么？我们的那些“未选择”意味着什么？每位读者阅读诗歌的时候，都能够结合自己的生活与经历填充文本的空白，引发自我的深入思考。弗罗斯特是通过其“评价的不确定性和开放式的结尾，以及对文本宽泛的释义帮助建立了一种现代阅读方法”[①]。

① Oster Judith, *Toward Robert Frost*: *The Reader and the Poet*, Athens, The University of Georgia Press, 1991, p.12.

知识要点

◎ 罗伯特·弗罗斯特

罗伯特·弗罗斯特堪称美国最受欢迎的诗人之一，是美国非官方的桂冠诗人，分别于1924、1931、1937、1943年四次获得普利策奖。弗罗斯特的诗往往从描写新英格兰的自然景色或风俗人情开始，逐步进入哲理的境界，素有“新英格兰诗人”之称。其代表性的两首名诗《未选择的路》《雪夜林边驻马》，在国内外权威专家编撰的英美百首经典诗歌中长期雄踞前列。

◎ 意象

美国意象派诗人庞德在其主编的刊物《诗刊》中对意象进行了定义：“是在瞬间强烈感情迸发与文字上的相互对应，其强调意象的理智与感情之间存在的关系，属于一种较为短暂的体验效果。”[①]意象的构成是主体与客体间的协调统一，是情与景之间的

① 崔明凤：《中国古典诗歌对美国意象派诗歌的影响》，载《作家天地》，2022（08）。

融会贯通，而物象在其中则作为辅助。诗歌中的意象是诗人寓意于象、寄情于景的艺术手法，对意象的解读能深入体会诗人的所思所想与情感意志。

◎ 树林

“黄色的树林里分出两条路”，如果道路象征人生之路，显然诗歌里的“树林”象征人生之旅中的迷途、分歧或是诱惑等。这在弗罗斯特其他的诗篇之中，也有类似的用法。《进入自我》中写道：“我的心愿之一是那黑沉沉的树林。”《雪夜林边驻马》中写道：“这树林多么可爱、幽深，但我必须履行我的诺言，睡觉前还有许多路要走。”若追溯西方诗歌的传统，树林的意象早在文艺复兴时期但丁的《神曲》之中就有精彩的描写：“就在我们人生旅程的中途，我在一座昏暗的森林之中醒悟过来。”

学习拓展

辑　评

● 他用农村和普通的事物，对精神现实作了简练而恰当的暗示。——博尔赫斯

● 弗罗斯特小心翼翼地避免直言这条路代表着什么，以免限制它们可能的象征意味。然而，他所表达的这种体验的实质的确使这首诗涉及了人的一个根本问题：进行选择的必要。——罗伯特·戴扬尼

● 弗罗斯特的抒情诗传达了一些我们曾经非常熟悉但正在日益远离我们的经验，它是我们与自然打交道时所获得的那种温馨的体验。他把这些经验转化成了宝贵的记忆，把它们从遗忘中拯救出来。——西渡，《徘徊在明亮与灰暗之间——弗罗斯特论》

参考文献

①［美］理查德·普瓦里耶、［美］马克·理查森：《弗罗斯特集（上、下）：诗全集、散文和戏剧作品》，曹明伦译，沈阳，辽宁教育出版社，2002。

②辜正坤：《外国名诗三百首》，北京，北京出版社，2000。

③李顺春、王维倩编译：《美国现代诗歌鉴赏》，南京，南京师范大学出版社，2007。

教学建议

1. 通过诵读体味情感。诗歌的学习离不开诵读，即使是短小的哲理诗，也需要依情入境。诵读可以促进学生想象画面，理解诗歌中的林间小路的物象，但更为重要的是可以在诵读中假想一位听众，把选择前后的疑虑、矛盾、怀想等内心活动表达出来。这种内心体验是这首小诗最为独特之处。

2. 在教学中设计开放性问题启发学生思考。问题设置的目的不在于追求标准答案，而是让学生在问题辨析的过程中读懂诗人面对选择时的内心矛盾，联系生活理解象征意义。例如，诗歌中"我"选择前后的心理活动是什么？你怎样理解诗人的"选择"与"未选择"？在生活中，你怎样面对每一次"选择"？等等。

3. 通过对比阅读感受两种不同的哲理诗。教材将《假如生活欺骗了你》与《未选择的路》编为一课，两首经典的哲理诗表达了诗人对人生的思考。一首是直抒胸臆，没什么具体的形象，可称为抒情哲理诗；一首用了许多具体形象阐述哲理，可称为象征哲理诗。教材的阅读提示中说："这两种写法，你喜欢哪一种？"正是在对比之下，能够鲜明体会到哲理诗不同的写作手法。

统　一

巴勃罗·聂鲁达在1971年获得诺贝尔文学奖时，颁奖词中表达了对他诗歌力量的高度评价："他的诗篇具有自然力般的作用，复苏了一个大陆的命运与梦想。"这句话强调了聂鲁达的诗歌不仅具有高超的艺术价值，而且对整个智利产生了深远的影响。《统一》通过写自然界花草树木本质的同一性，从而推理出对立之中存在统一，透过繁多的现象窥见单一的本质，同时表达了作者对世界和平的向往和追求。

文本解读

1. 语言陌生化

苏联著名的文艺理论家什克洛夫斯基提出“陌生化”理论：“艺术的技巧就是使对象陌生化，使形式变得困难，增加感觉的难度和时间长度，因为感觉过程本身就是审美目的，必须设法延长。”[①]《统一》全诗不过六句，但是每一句的含义都不好理解，给人完全陌生化的效果。

第一句与第二句，均将“所有”和“这一”等同，所有的叶是这一片，所有的花是这一朵；第四句，将“一切”认为“无差异”，因为一切果实并无差异；第五句将“所有”与“一棵”并列，所有树木无非一棵。德国哲学家莱布尼茨说，世界上没有完全相同的两片树叶，那是因为哲学家看到了事物所体现的个性差异。而诗人聂鲁达却认为，“繁多是个谎言”，“多”与“一”完全对应，那是因为诗人超越了不同的表象差异，认为事物的本质与规律是一致的。

① 朱立元、张德兴等：《二十世纪美学（上）》，237页，北京，北京师范大学出版社，2013。

2. 六句诗构成不同结构

全诗共有六句，前三句表明诗人的见解："所有的叶是这一片，所有的花是这一朵，繁多是个谎言"；后三句是对前面见解的进一步阐释："因为一切果实并无差异，所有树木无非一棵，整片大地是一朵花。"

虽然后三句是对前三句内容的阐释，但是全诗的意象形成一个整体。全诗的意象有叶、花、果实、树木、大地，叶、花和果实都"统一"于树木，而树木又"统一"于大地。这样从局部到整体，是不是恰巧应和了诗篇的题目"统一"？最后一句"整片大地是一朵花"，有两个功能。一方面，从"大地"意象又回到了"花"，形成了"叶、花、果实、树木、大地"意象群内部的循环往复，也体现了生命的无限循环；另一方面，《统一》虽是一首短小的哲理诗，也传达了诗人瞬间的内心体验与独特情绪。"整片大地是一朵花"，揭示了全诗的情感基调。"花"是美好的象征，表达了诗人对于整个民族甚至是全人类美好的祝福与期望。

3. 如何理解诗歌的思想？

聂鲁达除了是一位诗人，也是一位政治活动家。他积极声援西班牙人民的反法西斯战争，当选国会议员，竞选智利总统，赢得了智利人民的热爱。他的作品通常有两个主题，爱情和政治。

对于政治诗歌的创作探索，是聂鲁达杰出的贡献之一，也是解读《统一》的一条思考路径。

一般的政治诗歌，往往为了宣传效果将诗歌鼓动人心的一面展露出来，却无法保持诗歌所特有的令读者无限回味的无穷诗意。聂鲁达曾说过："一个诗人，如果他不是现实主义者就会毁灭。可是，一个诗人如果仅仅是个现实主义者也会毁灭。"[①]由此看来，聂鲁达认为诗人应当是现实主义者，需要脚踏实地地面向社会问题；同时，诗人不能只是现实主义者，现实向诗歌的转换需要艺术的桥梁。因此，在将政治生活转化为诗歌的过程中，聂鲁达向文坛著名的诗人虚心学习，如美国诗人惠特曼、苏联诗人马雅可夫斯基、西班牙诗人洛尔迦。他始终注意保持诗歌语言和形象的艺术魅力，将现实的政治内容与熟悉的各种艺术形式结合起来。

1957年2月的《译文》发表了从智利《黎明》杂志翻译的《谈谈我的诗和生活》，这是1954年聂鲁达在智利大学的演讲。聂鲁达谈到，他的诗歌的任务是"以它全部的力量和热情，来争取相隔最远的人和差别最大的民族能和平共处，交流彼此的智慧，相敬相爱"。这也可以看作其诗歌政治性最集中的体现。从这一点而言，《统一》告诉我们，人类可以没有民族的区别，没有信仰的隔阂，甚至没有国家的界限，整个人类就是一个命运共同体。所以，无论是一个国家、一个大陆还是全世界，人与人之间本应和

① 彭嘉泽：《巴勃罗·聂鲁达的创作道路》，载《福建师范大学学报（哲学社会科学版）》，1992（02）。

平共处，没有纷扰和战争。“整片大地是一朵花”这一表述，以花为象征，表达了诗人对世界和平统一的向往和追求。

知识要点

◎ 现代诗歌

现代诗歌有别于古典格律诗，以白话作为基本语言，运用象征、通感、联想、比喻等写作手法，往往通过自然景象和普通生活反映独特的情绪与人生思考，强调个人表达和主观体验。

◎ 政治诗

政治诗是一种特殊的诗歌形式，通常关注国家的政治状况、社会问题、人民生活，古今中外出现了很多优秀的政治诗。此类诗歌表达了诗人的政治见解，从一个方面反映了当时的社会状况。

学习拓展

辑评

● 巴勃罗·聂鲁达是二十世纪所有语种中最伟大的诗人。他书写任何事物都有伟大的诗篇，就好像弥达斯王，凡他触摸的东西，都会变成诗歌。——加西亚·马尔克斯

参考文献

① ［智利］巴勃罗·聂鲁达：《聂鲁达抒情诗选》，陈实译，长沙，湖南文艺出版社，1992。

② ［智利］巴勃罗·聂鲁达：《我坦言我曾历尽沧桑》，林光译，海口，南海出版公司，2015。

③ 赵振江、滕威：《山岩上的肖像：聂鲁达的爱情·诗·革命》，上海，上海人民出版社，2004。

④ 彭慕泽：《巴勃罗·聂鲁达的创造道路》，载《福建师范大学学报（哲学社会科学版）》，1992年（02）。

教学建议

1. 把握诗歌意象。诗中“叶、花、果实、树木”的意象既出现在每一诗句，有全句的语境，又纵向联系形成一个整体，构成全诗结构。教学时需要将意象放置句中、诗中来理解。

2. 理解题目《统一》。每一诗句都有“多”与“一”的对应，句与句之间也呈现逐步“统一”。可以结合英国诗人布莱克《天真的预言》理解全诗的思想：一沙一世界，一花一天堂。无限掌中置，刹那成永恒。

3. 仿写练习。《统一》选取大自然中的意象，委婉地表达出诗人的政治情怀与人生追求。只要留心观察、用心体悟，大自然能给我们许多启示。例如，滴水穿石，告诉我们做事应持之以恒；海纳百川，告诉我们要有宽阔的视野、胸怀天下。学生可以仿照以上思路，写出自己从大自然中获得的启示。

金色花

《金色花》是印度诗人拉宾德拉纳特·泰戈尔的代表作之一，出自他的诗歌集《新月集》。这首诗描绘了一个孩子与母亲之间的深厚情感，通过孩子变成一朵金色花，与母亲进行嬉戏和互动，展现了母爱的伟大和孩子对母亲的深深依恋。

文本解读

1. “我”是以儿童特有的方式表现对母亲的依恋

泰戈尔素有“儿童诗人”之称，善于以独特的视角、细腻的描写表现儿童的世界。《金色花》采用散文诗的写法，既有诗的情绪与想象，像诗一样精粹、凝练，又以散文的形式呈现，不像诗那样分行、押韵，而是以细节描写为特定意象来抒发情感。因此，散文诗情感的抒发必定是含蓄蕴藉的。

《金色花》以母亲一天具体的工作为主线，以儿童特有的方式表现对母亲的依恋之情，孩子的顽皮淘气、机灵可爱跃然纸上。首先，孩子变成了一朵金色花，并未应答母亲的寻找，而是悄悄地注视着母亲的一举一动。全篇展现了母亲一天工作的三幅图景。

（1）沐浴后的祷告。

上午母亲沐浴后湿发披肩，穿过林荫走到小庭院准备一天中最为神圣的做祷告，此时的母亲是庄重而虔诚的。变为金色花的孩子开放花瓣儿，散发出幽幽的清香，让母亲嗅到沁人心脾的香气。

（2）读《罗摩衍那》。

中午在午饭后，母亲坐在窗前读《罗摩衍那》，菩提树的阴影落在母亲身上，此时的母亲是宁静而专注的。变为金色花的孩子将自己小小的影子投在书页上，正投在母亲阅读的地方。

（3）黄昏到牛棚。

傍晚时母亲拿了灯到牛棚里去，添加草料、清理牛舍、观察牛的身体状况，此时的母亲是勤劳而细致的。孩子追随着妈妈的身影突然落到地上，从金色花变回母亲的孩子，还要求母亲给他讲个故事。

全诗展现了母亲一天工作的三个场景，变为金色花的孩子并未远离，也没有试图躲进自己的小世界里，而是追随着妈妈的身影默默地注视、仔细地观察，这说明在孩子的内心里母亲重要的地位。为了引起母亲的注意，同样是表达自己对于母亲爱的情感，孩子以儿童特有的方式在不同的场景出现在母亲的周围。表面上看起来是与母亲顽皮地做游戏，实际上表现出孩子对于母亲深深的依恋之情。

2. 母亲是爱的播撒者

在解读这篇课文的时候，不能刻意回避泰戈尔所处的宗教世界，不能回避泰戈尔的宗教文化。印度的宗教文化相信“梵我合一”，这种“梵我合一”的观念结合当时的西方哲学思潮，泰戈尔将其进一步发展为“泛神论”的哲学思想。即神并非遥不可及、深不可测，神其实就存在于人之中。人固然需要神，但只有在人中才能见到神。不难看出，诗篇中的母亲形象散发着神性的光辉，无论是她做的事、说的话还是从中折射出的内在心灵，而变身为金色花的孩子也如同一个天真纯洁的小精灵时时陪伴在母亲身旁。

母亲一天的工作，在诗人笔下成为神圣而美丽的三幅图画。做祷告、读圣书（《罗摩衍那》）、照料圣物（牛），展现了一个令人敬慕的、圣洁虔诚的、崇高持重的母亲形象，她是泰戈尔心中理想的、符合宗教信仰所期望的母亲形象。正是因为有这样的母亲，孩子才会快乐和从容，尽情施展儿童顽皮的天性；正是因为生长在幸福愉悦的亲情之中，孩子才心甘情愿地用自己的方式依恋母亲、报答母亲；正是因为母子之间的情感融通、爱之默契，母亲的询问才显得既关心孩子又坦然镇定，并不急躁和愠怒。倘若以世俗的理解来解读《金色花》中孩子的消失、母亲的询问，显然不符合全文的情感基调，不符合作者所代表的宗教文化。

3. 主旨是什么?

《金色花》这首散文诗的主旨是母爱吗？“母爱”是指，母亲对孩子无私伟大的深厚情感，可本篇作品首先表达的是顽皮淘气的孩子对母亲的依恋，从孩子与母亲相伴相处的画面之中，感受到母亲的优雅、美丽及对孩子的慈爱。孩子与母亲的情感是相互相通的，诗篇营造出了浓浓的温馨祥和之情。在泰戈尔伟大的诗篇之中，既蕴含了不同地域不同文化人们之间共同的情感，也表现了印度文化中特有的宗教色彩。

有研究者指出，《金色花》中的孩子和母亲没有姓名，地点也不具体，由此，诗中的母亲指的是普天之下的母亲，表现普遍存在的亲子之爱。[①]散文倾向于作者个人独有的经历与情绪，而散文诗能够通过精粹诗意的语言抒发更为浓厚的情感。相信读者可以通过孩子与母亲嬉戏的每个场景，感受到母子之间浓浓的情感，联想到自身童年时期与母亲在一起的欢乐时光。

《金色花》又不同于普通的表现亲子之爱的世俗情感，诗篇的字里行间洋溢着圣洁与神性的光辉，这与诗人选择的意象（金

① 孙绍振：《名作细读：微观分析个案研究》，上海，上海教育出版社，2009。

色花）、物品（《罗摩衍那》、牛），孩子设想的母亲的话语不无关系。季羡林先生在其文章中谈到泰戈尔的思想："谈到人神的关系，他主张人需要神，神也需要人，两者互相依存，互相补充。但在二者之间，他着重的是人；他主张，在人中才能见到神。"[①]在泰戈尔的作品中，人神相互依存，而作者着重的是人，在人中才能见到神。无怪乎《金色花》中母亲一天的工作都带有神圣的底色，而母子之间的"躲猫猫"不只是好玩和有趣，这种生活本身浸透了宗教气息，充满诗意和神性的爱，让这个家庭及整个家庭成员的生命变得富足。这体现了东方文明自然万物、人类社会、宗教信仰和谐共生的精神追求，也是在现代文明的发展中人的感情逐渐冷漠、信仰日益迷失的现代社会最需要的。

知识要点

◎ 金色花

金色花是印度圣树菩提树上的花朵，又译作"瞻波伽"或"占博伽"。金色花象征着纯洁神圣，只有澄澈无瑕之心灵才配拥

① 季羡林：《泰戈尔的生平、思想和创作》，载《社会科学战线》，1981（02）。

有此花。孩子变身为金色花而不是其他之物，显然被赋予了高尚无邪之品质。

◎《新月集》

《新月集》共收录了40首散文诗，主要描写了儿童的生活和情趣，塑造了很多鲜活的艺术形象，巧妙地表现了孩子们丰富的想象和独特的内心世界，营造了一个纯洁无瑕的儿童世界。《金色花》是泰戈尔散文集《新月集》的代表作。作家郑振铎曾言：《新月集》具有这样不可测的魔力，它把我们从怀疑贪婪的成人世界，带到稚嫩天真的儿童的新月之国里去……

◎《罗摩衍那》

《罗摩衍那》是印度两大史诗之一，另一部是《摩诃婆罗多》。两大史诗是印度文化的基础，对印度文学、宗教的发展有相当大的作用。罗摩衍那，意思是“罗摩的游行”，罗摩在印度文化中的地位相当于耶稣在基督教世界文化中的地位。《罗摩衍那》在古印度社会里影响不断增加，而印度教徒把《罗摩衍那》看作圣书。

◎ 韵律诗《捉迷藏》

《金色花》原是孟加拉文诗集《儿童集》中的一篇，原题为

《捉迷藏》，是一首格律严谨的韵律诗。后来泰戈尔将其译成英文收入《新月集》，采用了散文诗的形式，并将诗题改为了《金色花》。

捉迷藏

天亮后，哦，妈妈，
如果我淘气地
变成一朵金色花，
藏在很高的绿叶里——
你走到我身下，
认得出我吗?
“心肝，你在哪儿?”你大声问。
我默默地笑，闭着嘴唇。

你开始做家务事儿，
我睁大眼望着你。
洗完澡你从树下走去，
乌黑的湿发披在后背——
当你走进祈祷室，
忽然闻到扑鼻的香气，
但你决不知道
这香气来自儿子的身体。

大家吃了午饭以后，
你手捧《摩诃婆罗多》，
坐在窗前阅读，
绿荫罩着你的身子。
我活泼的身影
在你的书页上晃动，
你决不会知道
你眼里晃着我的影子。

傍晚你点亮油灯，
手遮掩着走向牛棚，
我像金色花做游戏，
咚的一声落到树底，
我又变成你的孩子，
缠着你要你讲故事。
你问："淘气包刚才去哪儿啦？"
我说："不告诉你，妈妈。"

（白开元译）

学习拓展

辑　评

● 《金色花》以一个孩子向母亲独语的方式，展示了孩子充满觉悟的稚真的幻想，十分生动地书写了孩子对母亲无限热爱、眷恋的赤子之心。——樊发稼，《幻想美丽亲情动人》

● 他却是个爱的诗人。爱情从他的心里、灵魂里泛溢出来，幻化成了种种式样：母亲的爱、孩子的爱、妻子的爱……一切都从他优美的诗歌里，曼声而恳挚地唱出来。”——郑振铎，《泰戈尔传》

参考文献

①［印度］泰戈尔：《新月集·飞鸟集》，郑振铎译，北京，北京十月文艺出版社，2009。

②［印度］泰戈尔：《泰戈尔抒情诗选》，吴岩译，上海，上海译文出版社，2006。

③董红钧：《泰戈尔精读》，上海，上海大学出版社，2009。

教学建议

《金色花》看似简单易懂，但是在课堂中真正带领学生感悟诗情却并不容易。有特级教师特意提出：泰戈尔是诗歌的，《金色花》的课堂也应是诗意的。泰戈尔是感性的，《金色花》的课堂也应是感动的。泰戈尔是睿智的，《金色花》的课堂也应是深刻的。泰戈尔是简洁的，《金色花》的课堂也应是清晰的。[①]因为泰戈尔大师级的作品蕴含着伟大的诗情画意，《金色花》的课堂应该是诗意的、感动的、深刻的和清晰的。以下教学建议仅供教师们参考。

1. 有感情的朗读

朗读是学习散文诗有效的方法，但带着感情的朗读是基于对作品深入的理解。文中出现了“笑嘻嘻”“暗暗”“悄悄”“小小”等叠词，这些叠词的使用增添了行文的生动与活泼，结合全诗孩子的叙述视角，要读出孩子说这些词语时天真调皮的语调。母亲的形象是圣洁的、温婉的、慈爱的，要能用舒缓的语调、合宜的情绪读出一个做祷告、读圣书、爱孩子的圣洁母亲的形象。

朗读全文关键要读出孩子在调皮中对妈妈的爱和依恋之情，还要读出妈妈说“孩子，你在哪里呀？”“你到哪里去了，你这坏孩子？”时丰富的含义。

2. 仿写练习

《金色花》最为突出的写作手法是对于想象的合理运用。想象是运用自己脑中感知的材料进行加工改造，创造出新形象的心理过程。想象

① 肖培东：《让“金色花”香沁润心田——写在〈金色花〉听课后》，载《语文建设》，2013（09）。

与联想不同，联想是想起关联的事，两者是有本质区别的。想象的特点在于创造出新形象，而联想的特点是关联与联系。《金色花》中的孩子变成了一朵金色花，在母亲工作的三个场景做了想做的事情，表达了对母亲的情感。教学中可借鉴泰戈尔的诗歌，让学生展开想象的翅膀，结合自己的生活体验诗意地表达内心的情感。例如，试一试口头练习或是仿写：

假如我变成了＿＿＿＿＿＿，我要＿＿＿＿＿＿＿＿＿＿＿＿＿＿。

3. 比较阅读

教材将《金色花》与冰心的《荷叶母亲》编为一课，颇具匠心。冰心的创作曾受泰戈尔影响，其作品风格与泰戈尔有相似之处，作品都简洁、清新、细腻。冰心在评价泰戈尔的时候，曾经说过这样一句话：泰戈尔！谢谢你以快美的诗情救治我天赋的悲感；谢谢你以超卓的哲理，慰藉我心灵的寂寞。因而，两篇作品比较阅读能发现其共同之处，也能发现相异之处，这对于学生了解散文诗的文体特色及不同文化的特点非常有效。

另一个比较阅读，是将散文诗《金色花》与韵律诗《金色花》进行比较。译文的原因，自然看不出不同语言的风格，但是散文诗与韵律诗的区别一目了然。

海　燕

《海燕》又名《海燕之歌》，是高尔基创作的一篇著名的散文诗。《海燕》是高尔基1901年3月写的一篇带有象征意义的短篇小说《春天的旋律》的末尾一篇，具有鲜明的革命浪漫主义的特点，整体上营造了浓郁的英雄主义和理想主义氛围，给人以强烈的震撼。

文本解读

1. 三幅画面

散文诗既具备散文的细节描写，也有诗歌强烈的情感表达。全文围绕着暴风雨来临之前天空与海面四周的景象变化，描绘了三幅精彩的画面。

第一幅画面，暴风雨初起。暴风雨初起时，狂风大作，乌云密布。显然，群鸟生活的环境发生了巨大变化，也引起了群鸟的骚动不安，大家心态各异。海燕像黑色的闪电，高傲地飞翔，一边飞翔一边叫喊。这叫喊声，代表了欢乐、渴望、愤怒、热情及对胜利的信心。海鸥在大海上飞窜，同时呻吟着，对暴风雨心生恐惧。海鸭也在呻吟，它们被轰隆隆的雷声吓坏了。最后是企鹅，它们把肥胖的身体躲藏在悬崖底下，那是因为对暴风雨的胆怯。

第二幅画面，暴风雨迫近。暴风雨更加迫近了，乌云越来越暗、越来越低，雷声轰响、狂风肆虐。依然是海燕叫喊着，飞翔着，它在大笑，又在号叫，因为欢乐、因为雷声的困乏、因为乌云终究遮不住太阳。

第三幅画面，暴风雨将临。暴风雨就要来了，狂风吼叫、雷声轰响、乌云笼罩，勇敢的海燕在怒吼的大海上高傲地飞翔，胜利的预言家发出宣言："暴风雨！暴风雨就要来啦！让暴风雨来得更猛烈些吧！"

2. 三种修辞

《海燕》的三幅画面背后，究竟是什么寓意呢？要想读懂《海燕》，必须理解散文诗中的修辞手法，最重要的就是象征手法。高尔基曾说："在象征下面，可以巧妙地把讽刺和大胆的语言掩蔽起来，在象征中可以注入很大的思想内容。”[1]象征手法是借助某一具体事物的形象，表现某种抽象的概念、思想和情感，让那些抽象的事物更为形象生动。如果读者不能将象征体和被象征体结合在一起加以联想和分析，就不能深入到作者真正要表达的思想情感。如同《海燕》这篇文章一样，仅看字面含义便可躲过当时检察官的审查。而解读象征的意义，就是要突破表面的现象，揭示形象所代表的意义，把作者掩蔽起来的讽刺和语言完全公开言说明白。有时象征和比喻看起来非常相像，但是比喻仅是文中的某一句或某一处，而如果一个喻体在作品中占了主导地位，又用来表示人类品质及活动性质等，它就是象征。比喻往往保留本体，本体和喻体同时出现；而象征一般只有象征体出现，本体却隐而不见，这样便吸引读者进一步探究和思考象征体所代表的含义。如同《海燕》全篇，并未言及“海燕”所象征的“革命者的斗争精神”，但在全文的语境下这样的象征意义呼之欲出。形象与思想并存，这就是文学作品最大的魅力所在。

《海燕》全篇运用了象征手法，象征意象可以按组划分。一组是风、云、雷、电，象征反革命势力和黑暗的社会环境；一组是大海、波浪，象征革命高潮时人民群众排山倒海的力量；一组是海鸥、海鸭、企鹅，象征了惧怕革命的资产阶级政客和小市民；一组是迎接暴风雨展翅翱翔的海燕，象征了无产阶级革命者不畏强暴，敢于斗争的精神。四组象征意象的解读，是理解《海

① 杨景芳：《高尔基与〈海燕〉》，载《辽宁师院学报》，1979（02）。

燕》的关键。

（1）对象征展开分析。

《海燕》深受列宁、斯大林的赞赏，被誉为“战斗的革命诗歌”。《海燕》在当时的俄国，是“鼓舞人民革命的号角”。对于文中象征的分析，不是简单地找到象征对象即可，还要把象征带入原文情境，利用关键词语、象征关系还原象征的整体含义。例如：

> 乌云越来越暗，越来越低，向海面直压下来，而波浪一边歌唱，一边冲向高空，去迎接那雷声。

此处通过对大自然暴风雨即将来临时的客观景象的生动描绘，深刻反映了俄国1905年大革命前夜“山雨欲来风满楼”的形势，暗示了革命暴风雨的即将到来。乌云、雷声象征反革命势力，大海和波浪象征人民群众的革命力量。以上这句话需抓住“暗”“低”“压”等词语，解读反革命势力的嚣张气焰。而波浪的“歌唱”“冲向”“迎接”无不体现了人民群众无所畏惧的革命热情。写的是高空乌云、雷声与大海波浪的关系，象征的是当时反革命势力与人民群众之间的斗争。全句可以解读为，反革命势力高压的统治镇压人民群众，而人民群众直面黑暗统治，不畏强暴，勇于斗争。

> 这个敏感的精灵，——它从雷声的震怒里，早就听出了

困乏，它深信，乌云遮不住太阳，——是的，遮不住的！

对于这句话，关键要理解句中的“敏感”“困乏”。“敏感”指的是海燕象征的革命者的机敏与智慧，“困乏”说明了反动势力如同纸老虎，看起来可怕其实外强中干，只要坚持斗争一定会取得革命胜利。同时也表达了革命信心，乌云遮不住太阳，暂时的黑暗阻挡不了社会进步的滚滚潮流，沙皇专制统治必然崩溃，光明和未来就在前方。

（2）象征之下的对比与衬托。

文中还有对比、衬托手法的运用，但都是以“海燕”为中心。例如，将海鸥、海鸭、企鹅与海燕作对比，它们在革命的暴风雨来临之前呻吟、恐惧、畏缩，只有海燕直冲乌云、展翅高飞。在最初，海燕像黑色的闪电高傲地飞翔；在暴风雨迫近时，海燕在大笑又在号叫；暴风雨就要来了，海燕像预言家在叫喊。还有愈来愈凶猛的风雨雷电对于“海燕”衬托作用。在全文的三幅画面之中，都有风云雷电，随着暴风雨的迫近，风更加紧急、云越来越暗、电闪雷鸣，狂风恶狠狠地甩起巨浪、闪电的剑光直击海面，这样凶险的场景无人不惧怕，无人不躲藏。可风云雷电越是凶猛，海燕越是勇敢，它箭一般穿过乌云，听出了雷声的困乏，欢呼暴风雨的到来。

3. 多处破折号

全文中破折号使用频繁，但是意义各不一样，在下文分别做以说明。

（1）递进作用。

一会儿翅膀碰着波浪，一会儿箭一般地直冲向乌云，它叫喊着，——就在这鸟儿勇敢的叫喊声里，乌云听出了欢乐。

这个敏感的精灵，——它从雷声的震怒里，早就听出了困乏，……

（2）解释作用。

在这叫喊声里——充满着对暴风雨的渴望！在这叫喊声里，乌云听出了愤怒的力量、热情的火焰和胜利的信心。

海鸭也在呻吟着，——它们这些海鸭啊，享受不了生活的战斗的欢乐：轰隆隆的雷声就把它们吓坏了。

（3）强调作用。

海鸥在暴风雨来临之前呻吟着，——呻吟着，它们在大海上飞窜，想把自己对暴风雨的恐惧，掩藏到大海深处。

它深信，乌云遮不住太阳，——是的，遮不住的！

（4）插入作用。

看吧，它飞舞着，像个精灵，——高傲的、黑色的暴风雨的精灵，——它在大笑，它又在号叫……它笑那些乌云，它因为欢乐而号叫！

（5）引文作用。

——暴风雨！暴风雨就要来啦！

这是勇敢的海燕，在怒吼的大海上，在闪电中间，高傲地飞翔；这是胜利的预言家在叫喊：

——让暴风雨来得更猛烈些吧！

知识要点

◎ 海燕

在俄语里，“海燕”一词包含着“暴风雨”和“光”的词根，是个复合词。[1]因而文中将海燕比作“黑色的闪电”，也就意味着“暴风雨的报信者”“暴风雨的预告者”的意思。

◎ 暴风雨

风雨的景象在中国文学传统中一直象征压抑、悲戚等感情，《海燕》中“让暴风雨来得更猛烈些吧！”这一呐喊打破了国人对暴风雨的传统观念，更新了这一意象的内涵，成为社会革命运动的代名词。例如，郭沫若的历史剧《屈原》中的《雷电颂》：“啊，这宇宙中的伟大的诗！你们风，你们雷，你们电，你们在这黑暗中咆哮着的，闪耀着的一切的一切，你们都是诗，都是音乐，都是跳舞。你们宇宙中伟大的艺人们呀，尽量发挥你们的力量吧。发泄出无边无际的怒火把这黑暗的宇宙，阴惨的宇宙，爆炸了吧！爆炸了吧！”

① 孙绍振：《名作细读：微观分析个案研究》，175页，上海，上海教育出版社，2009。

◎ 象征

象征就是根据事物之间的某种联系，借助某一具体事物的形象（象征体），以表现某种抽象的概念、思想和情感（本体）。象征能够使不容易或不便于直接说出的思想情感委婉、曲折、含蓄地表达出来，而且化“抽象”为“具体”，使思想更加形象，极大地增强作品的艺术表现力和感染力。

学习拓展

辑　评

● 毫无疑问，……就是高尔基号召他的热情的战斗的诗歌——《海燕》和《鹰之歌》——它们对群众所起的革命作用，并不小于某些党组织的革命委员会的宣言……——雅罗斯拉夫斯基，《地下活动中的无产阶级作家的道路》

● 工人运动登上政治斗争的广大舞台，席卷和吸引了大量的群众，正像高尔基在他的《海燕》里所出色地表现的那样。——加里宁，《共青团的光荣道路》

参考文献

①［苏］高尔基：《高尔基文集（第五卷）》，戈宝权译，北京，人民文学出版社，1983。

②戈宝权：《谈谈高尔基的〈海燕〉》，载《北京师范大学学报（社会科学版）》，1978（04）。

教学建议

1. 有感情地朗读。学生通过朗读来把握情感，落实课后思考，探究“注意重音、停连语气和节奏，读出情感和气势”。主要意象、象征的关键词语需要重读，狂风、乌云、雷鸣的压迫要注意朗读时的语气和节奏，而大海和波浪的反抗、海燕的飞翔与叫喊，需要读出情感和气势。从全文的三个部分来看，朗读第一部分时声调应平缓，读到海燕时应明快而有力；朗读第二部分时，声音应逐渐升高，节奏渐渐加快；朗读第三部分时，声音应高昂激越，最后一句要读出“暴风雨的预告者”强大的号召力与走向胜利的坚定信心。

2. 将象征含义在语境中还原。学习文学作品最忌贴标签，即对文本细节没有理解，对语言背后的用意没有感受，只是将形象与一些简单的注解联系起来。《海燕》中各意象的象征对象容易找到，更重要的是让象征在语境中打开，还原出意象所象征的意义，关注象征体之间的关系及象征的意义。可以选出文中代表性的段落，请同学们通过象征意象的具体描写，说出作者隐晦表达的含义。

3. 评价《海燕》、迁移学习。要求学生能够精准地挑选文中的好词好句，加上自己的想象，用自己的话大胆地描述“海燕”形象，总结“海燕”精神。

散　文

再塑生命的人

《再塑生命的人》是美国女作家海伦·凯勒创作的《假如给我三天光明》的节选，其以自传体散文的形式，真实记录了这位聋盲女性一生中最重要的转折点。文本不仅展示了任何人可以通过不懈的努力和坚定的信念战胜困难、实现自我价值的精神风貌，而且为所有人提供了一种积极向上、乐观向善的生活态度和价值观。

文本解读

1. 为什么说“水唤醒了我的灵魂”？

经过“井房”事件后，作者插入自己的内心感受，单句成段：“水唤醒了我的灵魂，并给予我光明、希望、快乐和自由。”

对于一位聋哑的盲童而言，光明和自由似乎难以企及，是什么经历让小孩子内心产生如此翻天覆地的变化？是水唤醒了海伦幼小的灵魂吗？

对于六岁的海伦，根本分不清“杯”和“水”，而且为此与老师莎莉文发生争执，自己也非常愤懑。当走到井房，老师把海伦的手放到喷水口下，让海伦亲身感受什么是“水”，同时在我的手上写着“water”这个单词。这样的场景和这样的亲身感受，让海伦知道了什么是“水”，理解了语言文字的奥秘，感悟到了宇宙万物都各有名称。文中说“以好奇的眼光看待每一样东西”，这种眼光使小海伦逐渐学会将世界万物与它的名称一一对应。虽然眼睛看不见，但是在她的心里各种事物不再是一片黑暗，它们都有了生命，重新组成一个新的世界。这种感受，无疑是获得光明、希望、快乐和自由之感。文中说“水唤醒了我的灵魂”，其实就是学会使用语言重新让“我”和世界建立连接。

2. 怎样理解“再塑生命”？

全文的标题是《再塑生命的人》，为什么说是“再塑生命”？人的生命是父母带来的，但是这只是肉体的生命。人的精神世界是通过阅历与感悟逐渐形成的。本文的“再塑生命”，可以理解为形成“我”的有灵魂的生命，即海伦的精神世界。1887年3月3日是海伦一生之中最重要的一天，因为莎莉文老师来到海伦的身边。

文中仅仅记叙了三件事情，但是对于那时的“我”而言，带来了巨大的变化。第一次见面时，“我”在下午的阳光中既充满期待又忐忑不安。当海伦听到脚步声伸出双手时，老师握住我的手，紧紧把我抱在怀中。第二天早晨，莎莉文老师送给我一个布娃娃，并且教我学习“doll”这个词，我开始学习语言文字。第三次见面，我通过对水流的触摸知道了什么是“水”，感觉到万事万物都有了生命，而且第一次有了悔恨的感觉。仅仅是师生之间三件不起眼的小事，却让海伦感受到了被爱，发现了语言文字的魔力，也体会到了自己的内心情绪。这时的海伦·凯勒不再是一个生活在黑暗中迷茫无助的人，而是一个通过语言走进光明的人，一个走进社会的人，一个可以走进自己内心的人。这样的生命对于自己和对于他人才是有意义的，这也标志着海伦生命的再次开启。

可以对比一下莎莉文老师来之前和之后海伦的变化。最初的“我”已经疲惫不堪：

> 在我的教育开始之前，我就像这条船一样，不过我连罗盘或测深绳都没有，我茫然无措，根本不知道哪里才是港湾。“光明！给我光明！”这是我灵魂深处无声的呼唤。

之前的“我”感觉到面前时一片黑暗、一片迷茫，不知何去何从，迫切渴望重见光明。在见到莎莉文老师之后，作者写道：

这些词会使世界像鲜花一样为我绽放。我想，应该很难找到一个比那天的我更幸福的孩子吧，那一天对我来说太重要了。那一天结束的时候，我躺在我的儿童床上，仔细回味这一天带给我的快乐。那是平生第一次，我无比渴望新一天的到来。

对比之前“我”的感受，黑暗迷茫变得花团锦簇、美不胜收；内心的惊慌失措、恐惧不安变为充满喜悦和幸福。这一切变化都是海伦生命再塑的有力证明。

3. 谁是文章的主要人物？

文中详细记叙了“我”生命再塑的过程，而这一切要归功于带给海伦不同人生的重要的人莎莉文老师。题目是《再塑生命的人》，可以扩展为再塑海伦生命的人——莎莉文老师。因此，安妮·曼斯菲尔德·莎莉文是主要人物，而海伦·凯勒则是次要人物。

海伦在自己的书中写道：“我还是孩子的时候，她就来到了我身边，用爱心和智慧开启了我幼小的心灵，教会了我阅读的本领，让我有幸能够看到大千世界。”[1]莎莉文老师带给海伦截然不同的生活，用作为师者的爱心和智慧，启示世间真理、给予深切的爱。真理与情感，这是一个真实的人在世上不可或缺的两样最

① ［美］海伦·凯勒：《假如给我三天光明：海伦·凯勒自传》，陈晓颖译，223~224页，天津，天津人民出版社，2015。

为珍贵的东西。海伦不平凡的人生与辉煌的成就离不开莎莉文老师，这篇文章就是为了纪念和感激这位伟大的老师而作。

学习拓展

辑　评

● 海伦·凯勒被评为20世纪美国的十大偶像之一是当之无愧的，这本书《假如给我三天光明》是伟大的经历和平凡的故事完美的结合。海伦·凯勒堪称人类意志力的伟大偶像。——《时代周刊》

● 十九世纪出了两个了不起的人物，一个是拿破仑，另一个就是海伦·凯勒。——马克·吐温

参考文献

①［美］海伦·凯勒：《假如给我三天光明》，李汉昭译，北京，华文出版社，2006。

②［美］海伦·凯勒：《走出黑暗：海伦·凯勒自传》，明明译，武汉，长江文艺出版社，2012。

知识要点

◎ 自传体散文

自传体散文指的是主要从作者自身的经历和感受出发，以第一人称的叙述方式，通过生动具体的描写和深入的思考，展现作者的人生历程、感悟和思考的散文。

◎ 安妮·曼斯菲尔德·莎莉文老师

安妮·曼斯菲尔德·莎莉文在母亲病亡后，寄居在马萨诸塞州德士堡救济院。她的成长也有一位引路人，这便是救济院里的老妇人玛琪·卡罗。老妇人玛琪常给安妮朗读讲故事，在玛琪的点拨下，安妮以慈善机构贫寒学生的身份来到了波士顿柏金斯盲人学校就读。从该校毕业后，经人介绍成了海伦的家庭教师。安妮陪伴着海伦走过了五十年，她用极大的爱心、耐心和毅力，在没有任何教育经验可以遵循的情况下，成功地将海伦从一个心智未开、任性无知的小女孩培养成一个知书达理、才华横溢的女作家。海伦是安妮的骄傲，而安妮是创造奇迹的人。1956年，美国柏金斯盲童学校入口处竖立起一块匾额，上面镌刻着：纪念海伦·凯勒和安妮·莎莉文·麦西。世人将海伦与安妮的名字并列在一起。

教学建议

1. 学习默读。要求不出声、不动唇、不指读、不回看，快速阅读了解全文主要内容。

2. 品析文中重点词语、关键语句。关注文章的开头、文中、结尾的关键词语和关键句，结合教材旁批理解标题中“再塑生命”的含义。

3. 指导学生思考从文中读到了什么、从主人公身上学到了什么、自己应该怎么做。通过阅读和交流，体验作者的情感，在现实生活中学习作者自强不息、热爱生活、懂得感恩的优良品质。

列夫·托尔斯泰

因为列夫·托尔斯泰伟大传奇的一生，为他写传记的不在少数。与其他版本的《托尔斯泰传》相比，茨威格的写法可谓别具一格。不以展现托尔斯泰完整的生平事迹为目的，而把他当作一种自我描述的艺术家类型进行描绘；专注于作家心灵面貌和灵魂的演化；对传主持有鲜明的二重态度——心存敬仰挚爱的同时又进行质疑批判。[①]本文在原传记里名为“肖像素描”，位于第一章“引子”之后，秉承了《三作家》全书均以人物肖像开篇的传统。因而，一方面虽然读者看到文章题名为《列夫·托尔斯泰》，但是内容聚焦于传主的外貌。另一方面，茨威格的外貌描写又不只再现人物的形象，从中亦可以窥见人物的内心。这样读者在还未知晓托尔斯泰的人生经历前，便能通过茨威格的刻画感受到托尔斯泰的人格魅力，这无疑为后文的展开做了一个提纲挈领式的精彩开场。

① 马志英：《一个俄罗斯“圣徒”的内在悲剧——茨威格〈列夫·托尔斯泰〉解读》，载《中学语文教学》，2015（03）。

文本解读

1. 文章前半部分层层铺陈有何用意?

开篇作者便瞄准托尔斯泰的五官细致描摹，后面几段层层铺陈，反复使用比喻、夸张、比较等手法，将一个长相平庸普通甚至有些丑陋的托尔斯泰毫无保留地展现在读者面前。这样写有何用意?

（1）首先，突出传记的真实性。

托尔斯泰曾经描写过自己的长相：粗犷的脸，又是长又是笨重，短发覆在前额，小小的眼睛深藏在阴沉的眼眶里，瞩视时非常严峻，宽大的鼻子，往前突出的大唇，宽阔的耳朵。在自传小说《童年》里，托尔斯泰本人也曾袒露自己的心愿：“对于一个有着像我这样扁鼻子、厚嘴唇和灰色小眼睛的人，在世界上是不会得到幸福的；我祈求上帝完成一个奇迹，把我变为美男子。我愿为了一副漂亮的面孔付出我那时所有和我将来可能有的一切。”[1]虽然长相平平是实情，但是这些并没有减损托尔斯泰的伟大。文章在描写外貌的同时，“天才灵魂”出现了三次，可以这样说，托

① ［英］艾尔默·莫德：《托尔斯泰传》，宋蜀碧、徐迟译，31页，北京，北京十月文艺出版社，1984。

尔斯泰伟大的灵魂并不取决于外貌。

（2）其次，彰显传记的文学性。

托尔斯泰拥有一张普通大众的脸，“普通大众”一词双关。托尔斯泰尽管是天才，但并没有自己独特的面孔。它的特点就是完全同于普通大众：混在人群里找不出，在俄罗斯随处可见，属于同龄人的混合体，无法从普通人里分辨出来……纯洁伟大的灵魂寄寓于一个普普通通的外形，代表俄国普通的大众百姓，因为托尔斯泰始终与全体人民同呼吸共命运。另外，作者的笔触并没有到此为止，而是让来访者从托尔斯泰普通的外表之下惊叹于那双灰色的、炯炯发光的眼睛。既是欲扬先抑的写作手法，也水到渠成地从传主的外貌描写转为其精神世界、人格心理的分析。

2. 为什么说托尔斯泰的眼睛是一副寒光四射的匕首？

全文倒数二段末尾，这样形容托尔斯泰的双眼：“当这一副寒光四射的匕首转而对准它们的主人时是十分可怕的，因为锋刃无情，直戳要害，正好刺中了他的心窝。“这一句是理解托尔斯泰精神世界的核心，如果不了解托尔斯泰的写作特点与其作品内容，恐怕也不能准确理解茨威格所言的真正内涵。

列宁曾经评价托尔斯泰：他是俄国革命的一面镜子，拥有最清醒的现实主义的天才艺术家。托尔斯泰是一位19世纪中期的俄国批判现实主义作家，也是一位思想家和哲学家，他的文学创作成为观察和分析当时社会和政治状况的重要视角之一。作为俄罗斯社会的一员，以独特的视角和文学笔法观察现实、反映现实、批判现实，表达自己的社会理想。托尔斯泰的双眼就是观察社会、解剖真相的一把锋利的匕首，无论刀刃向内对着自己还是刀刃对外向着整个社会。正如鲁迅自己所说："我的确时时解剖别人，然而更多的是更无情面地解剖我自己。"①

（1）对内的无情解剖。

从很小的时候，托尔斯泰就在他的日记里、回忆录里、忏悔录里，充满了对自我的过激指责和评判。他批评自己："说谎、掠夺、私通，各种各样的醉酒和撒野，每一种无耻的勾当，我都干过，没有一种罪行我没犯过。"②经过长时间的反省与思考，在19世纪70年代末至80年代初，托尔斯泰完成了世界观的转变。他曾在《忏悔录》里自述道："1881年这个时期，对我来说，乃是从内心上改变我的整个人生观的一段最为紧张炽热的时期。""我弃绝了那个阶级的生活。"从此，他改变生活方式，穿粗布衣裳、树皮靴，放弃书稿的所有版权，像普通农民一样驾犁耕田、自食其力。托尔斯泰的外貌与民众毫无区别，他本人也希望成为普通民众的一员，因而他的平民化思想与贵族家庭的生活时常发生矛盾冲突。

① 鲁迅：《写在〈坟〉后面》，见《鲁迅全集》第1卷，300页，北京，人民文学出版社，2005。

② ［奥］茨威格：《描述自我的三作家》，关惠文译，194页，北京，华夏出版社，2004。

（2）对外的严厉批判。

另外，托尔斯泰能够跳出自己生活的阶级为穷苦的农民大众谋取幸福。托尔斯泰出生于雅斯纳亚·波良纳庄园的一个贵族伯爵家庭，后来作为家中最小的儿子继承了庄园、衣食无忧。但是托尔斯泰一直致力于改变农奴的生活，探索农奴制的改革。青年时期，他企图通过改革缓解农民与地主的关系，因得不到农民的理解以失败告终。后来他在家乡创办学校，把教育视为社会改良的重要途径。20世纪70年代末80年代初，他彻底与贵族阶级决裂，站到宗法制农民的立场，提出了“爱一切人、勿以暴力抗恶、道德自我完善”为代表的“托尔斯泰主义”。托尔斯泰主动接近人民，苦苦追寻消除贫穷的方法，认真地思考祖国及人类的命运。

托尔斯泰的一生是自我剖析的一生，也是创作思考的一生。无论匕首的刀刃对内还是对外，都体现了托尔斯泰对真理的不断求索、为寻求人类幸福而献身自我的高贵品质。这些也都突出地体现在托尔斯泰一生的创作之中。“那六十年间他所写的作品里，没有一部不是在某个人物身上包含着托尔斯泰自己的轮廓，也没有一部单独地包含着他这一个人的广度。他所有的长篇小说、中篇小说、日记和书信作为整体才是他的自我描述，但也是20世纪里一个人遗留下来的最多样式，最清醒，也最有连续性的自绘像。”[①]这样的焦虑不安、紧张执着、敏锐犀利，即使能够

① ［奥］茨威格：《托尔斯泰传》，申文林译，51页，杭州，浙江文艺出版社，2009。

看清一切真相、任意支配所有的知识财富，成为世界知名的伟大作家，但是他注定会感到痛苦、做出牺牲，缺少属于自己的一份幸福。

3. 描写眼睛的三段分别有哪些侧重?

文章后半部分，从托尔斯泰整个面部集中于其眼睛的描写。与其说这是托尔斯泰长相的突出特点，不如说是作者借助这扇心灵的窗户打开托尔斯泰的内心世界。大作家屠格涅夫都经受不住他的注视，这样说："每一个精神生活的活动，在他看起来都是假的。而且老是用他那双特别能洞察一切的眼睛，盯着那些使他起疑的人物。"[①]这个时候的托尔斯泰一定没有停止惯有的观察、发现、分析和批判，总是要撕掉一切伪装，探寻世事的真相。

有三段文字浓墨重彩描写托尔斯泰的眼睛，作者运用了比喻、夸张、排比等手法。然而并不是一点一点地临摹托尔斯泰眼睛的形状，而是通过不同角度展现托尔斯泰的精神层面，无一例外地都重写意。第六段，文章将托尔斯泰的眼睛比作"黑豹""锃亮的钢刀"，侧重写其目光的锐利，可以洞穿一切的遮掩和隐藏，揭示托尔斯泰看待世间万物敏锐而深邃的洞察力。第七段，文章将眼睛比作"神奇的星光""手术刀""X射线"，侧重描写托尔斯泰眼睛里蕴藏着各种各样的感情，揭示大文豪丰富而敏锐的心

① ［英］艾尔默·莫德：《托尔斯泰传》，宋蜀碧、徐迟译，149页，北京，北京十月文艺出版社，2001。

灵。第八段，文章将眼睛比作“珠宝”，侧重描写托尔斯泰眼睛的威力，表达了托尔斯泰观察时代与人生的广阔和细致，批判社会的深度和广度。有研究者将这样的大量比喻称为同类设喻，即以不同的事物来比拟同一本体，同时可以看出三个段落侧重的角度不同，共同以眼睛的写意描写来表现传主的高贵灵魂。

知识要点

◎ 传记

传记是通过对典型人物的生平、生活、精神等领域进行系统描述介绍的一种文学作品形式。一般由他人记叙，被记叙的人称为“传主”。自述生平的，称为“自传”。传记要求真实性，涉及的时间、地点、人物、事件等必须是准确的。传记也要求文学性，作者可以发挥想象，填补事实的空白，生动传神地表现人物。传记是人物或人物资料的有效记录形式，对历史和时代的变迁等方面的研究具有重要意义。

◎ 欲扬先抑

欲扬先抑是一种常见的写作手法，“抑”指贬低、按下，“扬”指褒奖、抬高，也就是为了后面抬高某一方面在前面先贬低某一方面，如俗话所讲：“要想甜，撒把盐。”这样的写作手法能使文章情节多变，形成波澜，增加审美效果。

◎ 肖像描写

肖像描写又叫外貌描写，是刻画人物形象的一种方法，包括对人物身材、容貌、服饰、姿态、神情、习惯等特点的描写。肖像描写的作用，不仅能让读者认识人物独特的外貌特征，而且能够了解人物丰富的内心世界。肖像描写的种类主要有粗描淡写、工笔描绘、漫画式描绘等。

学习拓展

辑 评

● 论述托尔斯泰的书多不胜数，但大都平淡无奇。他内心的巨大悲剧至今尚未阐明，我个人想在这方面略尽微力。——茨威格

● 作一个发明救世新术的先知，托尔斯泰是可笑的……作为俄罗斯千百万农民在俄国资产阶级革命快到来时的思想和情绪的表现者，托尔斯泰是伟大的。——列宁

参考文献

① ［奥］斯蒂芬·茨威格：《三作家》，王雪飞译，合肥，安徽文艺出版社，2013。

② ［奥］斯蒂芬·茨威格：《人类群星闪耀时》，高中甫、潘子立译，南京，译林出版社，2017。

③ ［法］罗曼·罗兰：《名人传》，傅雷译，南京，译林出版社，2016。

④ 马志英：《一个俄罗斯"圣徒"的内在悲剧——茨威格〈列夫·托尔斯泰〉解读》，载《中学语文教学》，2015（03）。

教学建议

因为此文仅是《托尔斯泰传》的开篇，并不能从中完全了解传主的一生事迹。虽题目为《肖像素描》，但远远超过肖像描写的一般功能。学生可以通过自读及教师引导感受写作特色。

1. 化身为列夫·托尔斯泰客厅里一名远道而来的客人，以第一人称写出第一眼见到托尔斯泰时的内心独白。

2. 套用以下句式，说一说托尔斯泰眼睛的特点：

我从__________这几句话中读出来，这是一双________的眼睛。

结合教师对托尔斯泰的介绍及自己搜集的材料来品读，分析在这双眼睛背后的托尔斯泰有着怎样的内心世界？

3. 仿照课文，运用比喻、夸张的修辞手法或先抑后扬的写作手法，写一段人物肖像描写。

美丽的颜色

传记文学在某种意义上就是将一些传奇性的人物，从符号化的标签转化为鲜活的人物，从高度浓缩的事迹概括还原为一段波澜起伏的生活经历。[①]居里夫人具有多重身份，是科学家、教师，也是比埃尔·居里的妻子、孩子们的母亲。传记显然要选取人物一生之中不平凡又典型的事例凸显其最有价值的性格品质。显然，作者把居里夫人当成科学家来观察与审美，展示在不屈奋斗的历程中居里夫人身上所具有的坚定执着、奋斗不止的科学家品质。

两次荣获诺贝尔奖的科学家居里夫人是怎样在艰苦的条件之下获得巨大的成就的？著名的女科学家有着怎样的优秀品质？居里夫人的女儿、作家艾芙·居里根据传主居里夫人的信札与日记，加上自己的理解与想象，创作了享誉全球的《居里夫人传》。课文选自本部传记的第二卷第十三章《棚屋中的四年》，重现了居里夫妇提取镭的真实过程。

① 龚金平：《〈美丽的颜色〉：梦想的光芒微弱而迷人》，载《语文学习》，2022（09）。

文本解读

1. “美丽的颜色”美在何处？

全文标题是“美丽的颜色”，究竟指的是什么？首先，“美丽的颜色”是指神秘的镭元素之美。在文章后半部分“美丽的颜色”出现了三次，从夫妇二人对于新元素的设想到渴望到真正出现：镭不只有“美丽的颜色”，它还自动发光！它们那些略带蓝色荧光的轮廓闪耀着，悬在夜的黑暗中。

其次，“美丽的颜色”是指居里夫人纯洁的人格美。爱因斯坦称居里夫人为“唯一未受盛名腐化的人”。艾芙·居里在传记前言这样深情地写道：“玛丽·居里一直到去世的时候，总带着和那个女孩相似的地方；她那漫长的艰苦灿烂的生涯，并没有使她更伟大或更渺小，也没有抬高或贬低了她。直到弥留，她仍然温和、坚决、胆小而且好奇，一如在她那默默无闻的早年时期。”[①]“那个女孩”就是一位谦逊、好学、严谨的女学生，居里夫人并没有受名誉所累，一生都保留着其原有的优秀品格，而对自己惊人的命运与伟大的成就毫无察觉。

① ［法］艾芙·居里：《居里夫人传》，左明彻译，3页，北京，商务印书馆，2020。

最后，“美丽的颜色”指的是居里夫人求真的科学美。她自己将这一段重要又困难的工作时期称为“英勇岁月”。在居里夫妇发现元素钋之后，1898年12月居里夫妇又根据大量的实验事实宣布，他们又发现了第二种放射性元素，并把这种新元素命名为“镭”。但是，由于没有钋和镭的样品，当时的科学界几乎没有人愿意相信他们这个惊世骇俗的发现。因而居里夫妇决心无论付出什么样的代价，都要提炼出钋和镭的样品。

> 你知道，我不能解释的那种辐射，是由一种未知的化学元素产生的……这种元素一定存在，只要去找出来就行了！我们确信它存在！我们对一些物理学家谈到过，他们都以为是试验的错误，并劝我们谨慎。但是我深信我没有弄错！①

这一过程不仅显示出居里夫人坚定的科学信念，而且体现了她执着的、不畏困难的科学精神。在艰苦的条件下，夫妇二人开始了长达四年的棚屋工作。可是两位科学家却不辞辛劳、苦中作乐，尤其是发自内心地享受着“反自然”的生活。夫妇二人科学研究的专心景况，“像是在梦里一样”。偶尔会见几位客人，或是来看试验，或是讨论问题，“是科学兴趣和工作热情的一种提神剂”，是实验室的真正气氛。“反自然”是指与自然和常态不同，这种不同也让读者看到了伟大的科学家身上独有的

---

① ［法］艾芙·居里：《居里夫人传》，左明彻译，173页，北京，商务印书馆，2020。

精神品质。传记文学对于读者的价值，不仅在于介绍人物经历的全面性与丰富性，而且对于传记中的"事实"进行精神层面的剖析，为其行动和事件做出合理解释。读者最感兴趣的也是最为受益的，无疑是与传主进行坦诚而深入的对话，在传主的一生经历中产生内心的触动与情绪的共鸣，得到诸多人生感悟或者启示。

2. 引文的作用

"'事实'是用以界定传记属性的标准，传记事实与历史事实有机统一是传记的根本属性。"[①]《美丽的颜色》大部分采用的是女儿艾芙·居里对母亲工作的客观记录与深情注视，在文中也引用了居里夫人自己的话，形成了客观视点与主观视点的交织。引文的功能是多重的，既补充了历史细节体现了传记的真实性，同时变换了文章的叙述节奏，使行文更加生动。例如：

> "……然而我们生活中最美好而且最快乐的几年，还是在这个简陋的旧棚屋中度过的，我们把精力完全用在工作上。我常常就在那里做我们吃的饭，以便某种特别重要的工序不至于中断。有时候我整天用和我差不多一般高的铁条，搅动一大堆沸腾着的东西。到了晚上，简直是筋疲力尽。"

① 丁卫军：《由"一篇"到"一本"，读出体式本味——〈美丽的颜色〉备课手记》，载《语文教学与研究·上半月刊》，2020（21）。

外人所认为的艰苦，居里夫人却认为是生活中最美好而且最快乐的，因为她的精力可以完全用在工作上。虽然她身体上筋疲力尽，但是内心却非常充实和满足，这表达出了居里夫人的“苦乐观”。

> “……我们在实验室里只有很少的几个客人。偶尔有几位物理学家或化学家来，或是来看我们的实验，或是来请教比埃尔·居里某些问题，他在物理学的许多分支领域，是很出名的。他们就在黑板前谈话，这种谈话给人留下了清晰的记忆，因为它们是科学兴趣和工作热情的一种提神剂，并不打断思考的进行，也不扰乱平静专注的空气，这是实验室的真正的气氛。”

这种快乐、专注、如同梦里一样的生活究竟是什么样呢？居里夫人为我们介绍了光顾棚屋的少数几位客人，寥寥几笔却营造了一个科学实验室真正的气氛：宁静而专注、深入的思考、真诚的讨论。这是居里夫妇理想的生活，反映出居里夫人的科学精神。

3. 特写镜头

如果说文章前半部分主要是作者的记录并穿插传主自己的话语，后半部分作者完全为我们还原了两幅重要的历史场景。“如果说《美丽的颜色》中的‘史’主要体现在传记的前半部分的话，那么《美丽的颜色》中的‘文’主要体现在后半部分。”[①]在后半部分，艾芙·居里加入了很多细节，主要体现在居里夫妇二人生动的对话、人物细微的言行举止，似乎给了读者一个特写镜头让我们与居里夫妇一同见证神奇的时刻，同时更近距离地了解传主居里夫人。

首先，主人公从普通生活回到他们的领域，从家里穿过热闹的街区走到娄蒙路的棚屋。因为没有点灯，夫妇二人得以看到镭元素的真面目：

> 镭不只有“美丽的颜色”，它还自动发光！在这个黑暗的棚屋里没有柜子，这些零星的宝贝装在极小的玻璃容器里，放在钉在墙上的板子或桌子上；它们那些略带蓝色荧光的轮廓闪耀着，悬在夜的黑暗中。

这是夫妇二人第一次看到镭元素，作者采用生动的描写还原他们初见时美丽而激动的场景。

> 在黑暗中，在寂静中，两个人的脸都转向这些微光，转向这射线的神秘来源，转向镭，转向他们的镭！玛丽身体前倾，热切地望着，她此时的姿势，就像一小时前在她睡着了

① 林忠港：《传记教学内容的确定与呈现——以〈美丽的颜色〉为例》，载《语文建设》，2019（23）。

的孩子床头看着孩子一样。

文中连用四个“转向”表达了科学家看到奇观的热切与激动，但同时又是镇定和坦然的。镭如同居里夫人的孩子，付出多年心血终于获得成功，看着它的心情当然是喜爱又自豪的。

知识要点

◎ 文眼

诗有诗眼，文有文眼。文眼指文中最能揭示主旨、升华意境、涵盖内容的关键性词句。文眼是一篇传记的核心，往往奠定文章的感情基调，以及确定文章的中心。对于《美丽的颜色》的文眼，有人认为是“美丽的颜色”，有人认为是“娄蒙路的棚屋”，有人认为是“反自然的生活”。“美丽的颜色”作为题目贯穿全文，“娄蒙路的棚屋”是事件发生的主要场所，相较而言“反自然的生活”更能揭示居里夫人特有的科学家品质。

◎ **叙述节奏**

叙事类作品产生特有魅力的重要因素，具体指在叙述过程中的详略差异、起伏变化。一般分为两种，如用相对简短的话语叙述较长时间里发生的事，即叙述节奏加快；如用较长的文字叙述很短时间发生的事情，即叙述节奏缓慢。本文在记叙的同时，引用了居里夫人自己的话，详细而生动，让文章的叙述节奏错落有致。

学习拓展

辑　评

● 艾芙·居里为她母亲撰写了这本言情并茂的传记，使后人得以了解这位伟大科学家自强不息的一生，我们应该深深感谢她的劳作。——钱三强，《居里夫人传》

● 旧木棚里这点美丽的淡蓝色荧光，是用一个美丽女子的生命和信念换来的。——梁衡，《跨越百年的美丽》

● 坚定不移的性格；智力方面锲而不舍的努力；只知贡献一

切而不知谋取或接受任何利益的自我牺牲精神；尤其是成功不骄傲灾祸不能屈的非常纯洁的灵魂。这些就是玛丽·居里生来所具有的品质，比她的工作或丰富多彩的生活更为难能可贵，我希望读者在人生暂时的荣枯浮沉中，能随时加以辨识。——艾芙·居里，《居里夫人传》

参考文献

①［法］艾芙·居里：《居里夫人传》，左明彻译，北京，商务印书馆，2003。

②［法］玛丽·居里：《居里夫人自传》，陈筱卿译，北京，人民文学出版社，2018。

③梁衡：《跨越百年的美丽》，北京，中国青年出版社，2014。

教学建议

1. 朗读全文。首先，感受作者艾芙·居里记叙的语言背后对父母的关切与热爱之情；其次，仔细品读文中有两处居里夫妇二人对话的场景，体会人物的内心情感。

2. 课文围绕着居里夫妇发现镭的过程，展现了很多感人的镜头。选择印象最深刻的一个镜头，写一写自己阅读后的感受。

3. 全文引用了不少居里夫人自己的话，作为第一手资料印证了作者所说的事情，增加了文章的可信度。思考探究这些引文的作用。

4. 比较阅读。请学生将《美丽的颜色》与《列夫·托尔斯泰》进行比较阅读，发现这两篇课文在文体、刻画人物的方法、表现的人物精神品质等方面的异同，在比较中深入理解课文内容。

我为什么而活着

有人说，回顾20世纪的一百年，在学术思想界有两个人物最为显著，一个是爱因斯坦，一个是罗素。罗素一生著书70多种，在哲学、数学、政治、历史、社会学等方面都有极大的建树，享有“百科全书式文学家”之称。虽然罗素的文学作品并不多，但由于在诸多领域的突出贡献及重大影响，他于1950年获得诺贝尔文学奖。《我为什么而活着》是《罗素自传》的序言，以哲理性散文的形式对自己的人生观进行了高度概括。

文本解读

《罗素自传》第一卷包括七章，记叙了罗素的早年岁月，他的家庭情况和所受的教育。在自传的序言部分，揭示了支配着罗素一生的三种激情，“对爱情的渴望，对知识的追求，对人类苦难不可遏制的同情”。《我为什么而活着》文章不长，但是结构严谨、条理清晰，既需要从哲理散文文体的特征来解读，也需要关注其作为自传的序言对于全书的统领作用。

1. 总分总结构

全文一共五段，第一段开门见山，直接回答题目提出的问题，也是对下文的总起。紧接着三个段落分别论述：第二段阐述“对爱情的渴望”，第三段阐述“对知识的追求”，第四段阐述“对人类苦难的同情”。第五段精练总结，“这就是我的一生，我觉得我活着值得”。

文章中间的三个段落是主体内容，每一个主题的论述依然是总分总结构。第二段首先提出“寻求爱情”，原因有三点：第一，爱情可以带来狂喜；第二，爱情可以解除孤寂；第三，爱情的结合可以使人看到想象的仙境的神秘缩影。最后总结，“虽然它对人生似乎过于美好，然而最终我还是得到了它”。第四段首先提出“寻求知识”，原因也有三点：一是了解人的心灵，二是了解星辰为什么发光，三是理解毕达哥拉斯的思想威力。这三类知识分别是人的知识、自然知识、科学知识。作者使用了形象生动的写法，最后作总结，“这方面我获得一些成就，然而并不多”。因为爱情和知识把人引向美好的理想境界，对人类苦难的同情让人把目光投向现实世界。第五段阐述了对人类苦难的同情。例如，饥饿的儿童，被压迫者折磨的受害者，无助的老人及整个世界。最后总结，“我渴望减轻这些不幸，但是我无能为力，而且我自己也深受其害”。“对爱情的渴望”是对自我而言，是人类最原始的感情，同时也是个体幸福的基础；“对知识的追求”是对人与自然、社会而言，是提高个人素养不可或缺的精神活动；“对人类苦难不可遏制的同情”，是对整个人类而言，是最高的情感。这三种感情从小我走向大我，从中可以窥见罗素的崇高思想境界和伟大人格。

2. 指示代词“这”“那”的不同用法

由于文章严谨的逻辑结构，有不少地方使用了指示代词“这”“那”。在具体使用时，两者的用法是不同的。有研究者调查并总结出“这”“那”两个系列词语在用法上的不同特征[①]（见表2）：

表2　“这”“那”在用法上的不同特征

	“这”系列	“那”系列
1. 距离近（+）/距离远（−）	+	−
2. 话题成分（+）/非话题成分（−）	+	−
3. 已然（+）/未然（−）	+	−
4. 实指（+）/虚指（−）	+	−

① 丁启阵：《现代汉语“这”、“那”的语法分布》，载《世界汉语教学》，2003（02）。

续表

	“这”系列	“那”系列
5. 肯定（+）/否定（－）	+	－
6. 共时式复述（+）/回忆式复述（－）	+	－
7. 第一、二人称（+）/第三人称（－）	+	－
8. …来（+）/…去（－）	+	－

通过表2可以看出，“这”“那”的使用通常在八个方面存有不同。“这”常用于距离近，话题成分，已然，实指，肯定，共时式复述，第一、二人称及与趋向动词“来”连接使用；“那”常用于距离远、非话题成分、未然、虚指、否定、回忆式复述、第三人称及与趋向动词“去”连接使用。文章中“这”“那”的使用方法可以此为语法依据，分别作具体分析。例如：

这三种感情就像飓风一样，在深深的苦海上，肆意地把我吹来吹去，吹到濒临绝望的边缘。

“这”指前面提到的“对爱情的渴望，对知识的追求，对人类苦难不可遏制的同情”，属于话题成分，“这”用于回指整个话题。

我寻求爱情，其次是因为爱情解除孤寂——那是一颗震颤的心，在世界的边缘，俯瞰那冰冷死寂、深不可测的深渊。

"那"常用于指距离远的事物，距离包括空间距离、时间距离和心理距离。表示关心、关切、喜爱等的情感时通常用"这……"；表示不关心、冷淡、讨厌、鄙视、仇视等情感时则通常用"那""那……"去指称所关涉的人或事。[①]第一个"那"指的是孤寂，因为不喜欢、心理距离遥远；第二个"那"指的是后面的"深渊"，显然这里的"深渊"是虚指。

> 我希望知道星辰为什么闪闪发光，我试图理解毕达哥拉斯的思想威力，即数字支配着万物流转。这方面我获得一些成就，然而并不多。

"这"指的是什么？是前面提到的人的知识、自然知识和科学知识，属于话题成分，"这"用于回指整个话题。

3. 传记与人生的互释

自传主要叙述自己的生平事迹和著作。作为自传的序言，以自己一生的经历作为例证和注脚。因而，对于文中作者自我总结、评价性的语句需要结合作者的生平进一步理解，而不能望文生义。第2～4段的总结句分别是：

① 丁启阵：《现代汉语"这"、"那"的语法分布》，载《世界汉语教学》，2003（02）。

这就是我所寻求的，虽然它对人生似乎过于美好，然而最终我还是得到了它。

第二段主要阐述“寻求爱情”。罗素一生有过四次婚姻，前三次各维持了15年左右。他的第四次婚姻是在80岁时与美国的英语教授伊迪丝·芬奇结婚，直到他98岁去世。作者认为他最终得到了真正的爱情，说明婚姻生活的美满幸福。

这方面我获得一些成就，然而并不多。

“这”指的是人的知识、自然知识和科学知识。罗素一生在知识追求与研究方面成就颇丰，在哲学、数学、政治、教育、伦理、文学、宗教和社会学等领域都有极大的建树，被称为“百科全书式思想家”，主要作品有《西方哲学史》《哲学问题》《心的分析》《物的分析》等。他与其老师怀特海合著的《数学原理》是20世纪数学研究的重大成果，是数理逻辑发展史上的一个重要里程碑。罗素一生著作等身，在很多方面卓有成就。这里是作者的自谦，同时也能看出作者对于知识寻求的高度热情与严格的自我要求。

我渴望减轻这些不幸，但是我无能为力，而且我自己也深受其害。

这句总结也需要结合作者的生平经历来理解。罗素一生经历了两次世界大战，他始终关注和同情弱势群体，通过演讲、写作、组织活动等多种方式为弱势群体奔走呼号。他对人类苦难的不可遏制的同情，不仅体现在思想感情上，而且落实在行动上，并为此付出沉重代价。1918年，由于在一篇文章中引述美国国会对使用军队对付罢工者的调查报告而被判处六个月监禁。1921年，他访问中国和日本。在伦敦和中国讲演“心之分析”，这期间罗素已经因为参与反战活动而被校方开除。1939年，被任命为纽约城市大学教授，参加芝加哥圆桌广播讨论，谈“安全感在增长吗？”，在芝加哥大学社会学俱乐部演讲“现代世界中知识分子的作用”。在洛杉矶加州大学举行讲座直至1940年。1950年，他广泛撰写有关战争危险的文字。1955年争取到爱因斯坦的支持，发表了《罗素—爱因斯坦宣言》，他还向各国著名科学家征集签名，召开了一次世界性会议，商讨采取什么实际步骤来应对由原子武器出现面临的危机。1958年，为促进核裁军活动创立非暴力反抗运动百人委员会。1961年，89岁高龄的罗素参与一个核裁军的游行后被拘禁了7天。他反对越南战争，1967年5月，他和萨特一起成立了一个被称为“罗素法庭”的民间法庭，以揭露美国的战争罪行。[①]从以上事实可以看出罗素对于人类苦难深深的同情并积极付诸行动，因此自身也深受其害付出代价，但带来的影响是巨大的。

① ［英］伯特兰·罗素：《罗素自传（第一卷）：1872—1914》，胡作玄、赵慧琪译，北京，商务印书馆，2015。

知识要点

◎ 回指

回指一般是指两个名词性词语在语义上同指，即回指词语与其先行词具有相同的指称值或范围。其中，先行词是指在篇章中先后出现两个同指的名词时，前面的名词；而后面的指代前面名词的词叫作回指词。①

◎ 哲理散文

哲理散文是通过对社会、人生、日常生活的独特体察，感悟出某些道理的散文，往往寓说理于形象的描绘中。在西方的文史哲发展史上，哲学与散文有着深刻的关联。柏拉图的《理想国》、亚里士多德的《诗学》《形而上学》、奥古斯丁的《忏悔录》、培根的《论说随笔文集》等作品就是最好的例证。

① 杨旭红：《“回指”及其在初中散文教学中的运用——以〈我为什么活着〉解读与设计为例》，载《写作与阅读教学研究》，2020（05）。

◎ 毕达哥拉斯

毕达哥拉斯是古希腊思想家、哲学家、数学家、科学家。曾到意大利的南部传授数学及宣传哲学思想，并和他的信徒们组成了“毕达哥拉斯学派”。

学习拓展

辑评

● “阅读罗素的作品，是我一生中最愉快的事件之一。”——爱因斯坦

● “表彰他所写的捍卫人道主义理想和思想自由的多种多样意义重大的作品。”——1950年诺贝尔文学奖颁奖词

参考文献

①［英］伯特兰·罗素：《罗素自传（第一卷）：1872—1914》，胡作玄、赵慧琪译，北京，商务印书馆，2015。

②［德］威廉·魏施德：《通向哲学的后楼梯》，李文潮译，北京，民主与建设出版社，2018。

教学建议

1. 分析文中的指示代词“这”“那”的含义。讨论“这”与“那”是否可以替换，补充有关“这”和“那”指代词语的语言学知识，让学生在语感中建构语理。

2. 体会文中的“飓风”“深渊”“云霄”“尘世”分别代表什么。理解哲理散文借助形象的描写表达观点的特点，然后再从文中找出类似的句子加以体会。

3. 仿照《我为什么而活着》，学生自主思考自己为什么而活着，用一段话来表述，然后在小组内、班级内进行交流。

登勃朗峰

马克·吐温是美国文学史上头一个用口语进行写作的作家，开创了一代文风，福克纳称他为“美国文学之父”。在《登勃朗峰》这篇游记中，读者能够体会出作者非同一般的散文笔法与幽默诙谐的写作风格。

文本解读

1. 散文笔法与小说笔法

《登勃朗峰》与一般游记不同之处在于，文章前半部分重点写景，采用的是散文化的写法；后半部分则重在写人，采用的是小说化的写法。散文笔法与小说笔法究竟有什么区别呢？

对于散文笔法而言，写人叙事与写景的关系重点在写景。在文中作者提到“马车里的男男女女”均是粗线条的略写，用以烘托游客众多而天气炎热。对于游览之中的“所至”与“所见”是描写的重点，观察视角丰富，从多个角度表现景物之“奇”。例如，在黑首俯瞰脚下峡谷，在阿冉提村前仰望勃朗峰的白雪穹顶，第四段略写勃朗峰周围的奇形怪状的山峰，第五段单写高地附近的一座高峰的变幻无穷。另外，由景生情，抒发感慨，这是散文中属于作者的高度个性化的语言。例如，文中第六段，作者由眼前的美景联想到肥皂泡：

> 我们终于感悟到，眼前的绚丽色彩以及它们的无穷变幻便是我们从飘浮的肥皂泡中看到的一切，泡泡所到之处，种种色彩变幻，尽被摄入其中。

肥皂泡想必每位读者都知道，绚丽、多变、飘浮、梦幻……这些足以形容勃朗峰的奇景，的确不是一般景象可比。“假如世上只有一个肥皂泡，其价值会是多少呢？”作者的疑问，体现了他对大自然壮丽神奇景色的无比热爱，作者深切感受到了自然美景对人的精神给养。

对于后半部分采用的小说笔法，重点在于“奇人奇事”，在作者笔下刻画出鲜明的人物形象。有趣的狂车夫直接描写，文中有三次提到“车夫之王”，都是出自车夫之口。第一次是我们出发晚了，他把握十足地说：你就放下心坐好吧，一切包在我身上——

我是车夫之王啊。第二次是在马车狂奔之时，他神情威严地说：如我所说吧——我可是名副其实的车夫之王啊。第三次是我们险遭不测时，他和颜悦色地说：能坐上车王的车的人，可是少之又少啊——看到了吧，正如我说的，我就是车王。而对于他的朋友“勃朗队长”是通过转述略写，他爬山的次数比谁都多，47次；除他外，他兄弟是世上最佳的向导。人物形象的刻画离不开人物所做的事情，读者通过栩栩如生的人物语言、人物动作、人物神态牢牢记住了车夫之王和勃朗队长。而作者表达的情感，只能“暗藏”于叙事之中。

总体而言，《登勃朗峰》一文写景时笔下诗情画意、文采斐然；写人时描写生动，尽显幽默本色，是一篇风格独特的经典游记。

2. 幽默风格

马克·吐温开始创作的时候，文坛上正流行“幽默文学”，旨在逗乐以丰富人民的文化生活。马克·吐温的创作显然受此影响，同时他的作品富于联想，能够把幽默与讽刺结合在一起，用他自己的话说，就是“不能一味逗乐，要有更高的理想。”《登勃朗峰》多处体现了作者的幽默风格，阅读起来能令读者一笑。

（1）讽刺之幽默。

天气灼热难当，乘坐在缓慢爬行的骡子背上和辚辚前进的马车里的男男女女，焦炙于火辣辣的艳阳之下，真是可怜可悯。

作者一行人徒步而行，因而可在林中休息。有很多旅客乘坐马车、骑骡子，他们既然花了钱就舍不得停歇匆匆赶路。表面上看似有交通工具助力优于作者，却被“物有所值”所绑架，焦炙于艳阳之中而不能享受旅行过程的快乐，岂不是“可怜可悯”，充满了讽刺之幽默。

（2）夸张之幽默。

近来的几场暴雨冲毁了几处路面，但我们不停不歇，一如既往地保持着速度，疾驰向前，什么乱石废物，沟壑旷野，一概不顾——有时一两个轮子着地，但大多数时腾空而起。

一路颠簸，可见马车速度之快，好似腾空而起。车夫完全不顾路面情况，总是镇定自若、神情威严。这才是真正的“车夫之王”，充满了夸张之幽默。

（3）漫画之幽默。

不必为此烦恼——静下心来——不要浮躁——他们虽已扬尘远去，可不久就会消失在我们身后。

他说他爬山的次数比谁都多——47次——而他兄弟只有

37次。

读者会发现车夫之王和勃朗队长的话语中，总有很多破折号。不论他们说的是法语还是德语，都是酒足饭饱之后不时打嗝，而作者诙谐地比作“标点符号”。酒气熏天的两个人，一边不停打嗝一边向旁人夸海口，马车在崎岖的山路上疾驰而过，有时车轮腾空而起。面对这样的奇特画面奇特感受，读者一定会忍俊不禁，充满了漫画之幽默。

（4）意外之幽默。

如果这位王爷的车技略欠敏捷——或者说，不是老天有意安排，让他在离开阿冉提时喝得酒气醺醺——结果就不会是这样的了。

狂傲的车王信誓旦旦，果不其然像疾风般赶上并超过了那长长的游客车队，让我们住进了上等的房间。这归功于什么呢？作者以幽默的口吻做了总结，一是车王高超的车技，二是酒壮怂人胆，车王借着酒劲儿超常发挥，虽然一路颠簸、险遭不测，还是有意想不到的收获，充满了意外之幽默。

3. 文章总体表达了怎样的思想情感？

《登勃朗峰》可分为两大部分：上山使用散文笔法，通过景物直抒胸臆；下山使用小说笔法，作者的情感隐含在叙事及人物形象之中。总体而言，全文洋溢着轻松幽默的情感基调，作者一行享受徒步登山、描写破裂的肥皂泡之美、赞赏车夫之王洒脱乐观形成前呼后应的关系，这三者是一脉相承的，这便是作者的价值观和人生观：感受奇景奇人，热爱生活的积极乐观的人生态度，批评生活中的过分“文明”和优雅，赞同富有活力、简单自由的生活理念。这一观点植根于当时处于蓬勃上升阶段的美国文化。

知识要点

◎ 勃朗峰

阿尔卑斯山脉最高峰，法语意为“白色的山峰”，位于法国和意大利边境，是西欧第一高峰。

◎ 马克·吐温式的幽默

马克·吐温的语言通俗易懂，能将生活中的口语与文学语言熔于一炉。“清淡的嘲讽，在极度夸张、诙谐的形象中伴奏着乐观的基调”[①]，这种幽默不仅表现在文字上，也是作者全部生活与性格的反映与结晶。

学习拓展

参考文献

●林文华编：《远处的青山：双语经典散文风俗游记篇》，林文华等译，北京，新世界出版社，2011。

●王立新主编：《外国散文鉴赏辞典②（现当代卷）》，上海，上海辞书出版社，2010。

① 郑克鲁主编：《外国文学史（上）》，326页，北京，高等教育出版社，1999。

教学建议

1. 朗读全文。注意读出描写奇幻美景的语气和叙述“车夫之王”的幽默语气，破折号之处表现出停顿与洒意。

2. 本文标题为《登勃朗峰》，有的译本题目是《车夫之王》，你觉得哪个题目更好？《登勃朗峰》与一般游记不同，文章前半部分重点写景，主要写上山的见闻；后半部分则重在写人，主要写沿河古前往沙蒙尼乘车的旅途。《车夫之王》所指的人物出现于后半部分，而题目《登勃朗峰》可以涵盖所有文本内容。

3. 课文旁批，“旅途中不只有风景，奇人奇事亦可乐也。”很多读者用奇景—奇人连贯起全文前后两个部分。不囿于旁批之“奇”，可结合自己的体验说说对这篇游记的阅读感受。

小 说

我的叔叔于勒

《我的叔叔于勒》是法国作家莫泊桑的代表作，从1883年发表至今已有140多年的历史了。同时，它也是我国语文教材的经典篇目，经过不同时代人的解读常读常新，对不同时代的读者有不同的启迪。

文本解读

1. 主题是什么?

不同时期读者的解读，都反映了当时时代与社会的特征。从今天来看，《我的叔叔于勒》作为一篇经典课文，在历史上有过两次误读。第一次是政治意识形态深刻影响下的社会化解读，把小说定调为反映资本主义社会的黑暗现实。第二次就是在多元解读时期，对菲利普夫妇和于勒过分美化，而且“多元解读”不代表没有边界。对于语文教学来说，既要重视学生的积极参与，也要完全明白小说核心表达的思想情感。

纵观已有的对此篇小说的解读，大致有如下几类：（1）金钱至上论。认为小说揭露了社会中人与人之间赤裸裸的金钱关系与拜金主义，指向菲利普夫妇对待于勒的态度变化。（2）虚荣论。认为小说嘲讽了小人物的虚荣心，指向了菲利普夫妇二人的所作所为。（3）幻灭论。认为小说反映了小人物的辛酸及在现实社会的悲哀，这种观点也是指向菲利普夫妇，但是在嘲讽之余更看到了在社会大潮中小人物的身不由己。（4）同情论。对于菲利普一家及于勒的不幸遭遇表示同情，反映了作者的人道主义情怀。

叶圣陶先生在《文艺作品的鉴赏》中谈道：“文艺作品跟寻常读物不同，是非辨出真滋味来不可的，读者必须把捉住语言文字的意义和情味，才能辨出真滋味来——也就是接近作者的旨趣的希望。”如何分辨出真滋味？需要理解文本语言文字的意义，也要了解作者的旨趣与创作动机。随着欧洲社会经济的日益发展，19世纪下半叶小资产阶级数量有了相当大的增长，构成了仅次于工人和农民的社会阶层，其所特有的社会属性逐渐显露出来。莫泊桑既同情他们的不幸遭遇，又批判他们身上的坏习气。[1]小资产阶

① 郑克鲁主编：《外国文学史（上）》，361页，北京，高等教育出版社，1999。

级成为小说的主角具有创新意义，在内容上莫泊桑扩展了短篇小说描绘社会的广度和深度。《我的叔叔于勒》中的“我们”一家和于勒的人物关系，体现了广阔社会丰富的世态和人情，作者对菲利普夫妇所代表的小资产阶级的态度无疑也是复杂的，既有对他们贫困与不幸的同情，也有对其金钱至上、虚荣虚伪习气的嘲讽。

2. 主人公是谁?

小说中的人物包括于勒、若瑟夫、菲利普夫妇、两位姐姐，还有船长，主人公是谁呢?

第一，叙述时间。

首先对照一下对不同事件作者所用的文字篇幅，也就是事件的真实时间与作者叙述时间的反差。小说在前一部分插叙了于勒的人生经历，前后有二十多年，小说用六段叙述。接着重点描述了于勒的信成了全家的福音书，促成了二姐的婚事，历时十年之久，小说用了八段叙述。后一部分是小说的重点，在船上见到了真正的于勒，整个事件十几分钟左右，作者却用了三十段文字详细展开。可以说前半部分都是为了巧遇于勒做的铺垫，叙述加快；后半部分菲利普一家遇见于勒，叙述放慢。叙述时间的快与慢与小说的主题密切相关，而在后半部分描写最多的就是菲利普夫妇。

第二，人物分类。

一篇小说除了主人公之外，还有次要人物和辅助性人物。次要人物与主人公密切相关，共同构成主要事件，衬托主人公的人物性格。辅助性人物也称为背景式人物，一般没有名字和具体的描写，构成全文的氛围，对情节起到穿针引线的作用。对于《我的叔叔于勒》而言，叔叔于勒和“我”若瑟夫是次要人物。作者就是想让于勒成为一个符号，一种并不明亮的精神的寄托，一个灰色人物的灰色人生必然要仰望又必然要破灭的灰色的梦。[①]若瑟夫既是家庭成员也是讲故事的人。作者通过符号化的于勒和“我”的眼光，将菲利普夫妇所思所想、前后变化表现得淋漓尽致，显然他们二人是小说的主人公。两位姐姐和船长，文中没有具体描写但是推动了情节发展，属于辅助性人物。

第三，菲利普夫妇。

叔叔于勒经历了挥霍家产—经商发财—衰败穷困的人生起落，与此同步菲利普夫妇的态度也经历了惧怕憎恨—奉为福星—深恶痛绝的过山车式的变化。为什么发生这样的变化？多年来的生存压力与人固有的劣根性塑造了菲利普夫妇。我们可以分析一下他们为什么不认亲弟弟。（1）旧账。于勒曾经占用了菲利普应得的那份家产，才使得菲利普全家生活拮据贫困。（2）现状。如果认了穷困潦倒的于勒，菲利普一家必定生活更加贫困。（3）影

① 王君：《灰色小人物的灰色理想的幻灭——〈我的叔叔于勒〉的另外一种读法》，载《中学语文教学》，2008（12）。

响。二女儿好不容易得来的婚姻，也会因此失败，还会影响到大女儿未来的婚事。从实际情况判断，为了全家的未来生活与发展，不能接受穷困的老于勒。这的确是他们因为生活压力与现实所迫，但也将至亲血脉和人间真情抛至九霄云外。

小说对于对菲利普夫妇二人的描写手法略有不同，相较而言，菲利普先生的描写重在外表，菲利普太太的描写重在心理。例如：

> 我父亲突然好像不安起来，他向旁边走了几步，瞪着眼看了看挤在卖牡蛎的身边的女儿女婿，就赶紧向我们走来。他的脸色十分苍白，两只眼也跟寻常不一样。他低声对我母亲说：“真奇怪！这个卖牡蛎的怎么这样像于勒？”

小说对于突然认出于勒的父亲，从神态、动作、语言等多个方面近距离描写，生动地表现出了得知真相的父亲内心的慌张与失落，还有文中重复的那句话“如果于勒竟在这只船上，那会叫人多么惊喜呀！”而在船上对母亲的描写呈现了其内心的发展过程。看到父亲的惊慌失措，母亲开始“莫名其妙”，得知真相后也“怕起来了”，但又果断地派父亲前去打探。当确认卖牡蛎的就是于勒，母亲“暴怒”起来，似乎下定决心与他断绝关系。所以，母亲才叫若瑟夫去付钱以免被认出来，回程时改乘另一只船以免遇见于勒。

3. 为什么让“我”来讲故事?

《我的叔叔于勒》的独到之处，是小说叙事视角的选择。从删减后的全文来看，主要是小若瑟夫的视角，这就是与通常成人视角不同的儿童视角。从一个未受社会习气沾染的儿童的角度来看待并反思成人世界，这就与文中菲利普夫妇的表现形成鲜明对比，使小说具有更深的意蕴。选用“我”来讲故事，有以下功能和作用：

第一，相较于成人叙述，儿童视角的所见所闻所感最少掺杂世俗倾向，这能确保人物观察的客观性。第二，若瑟夫因为“孩子”“小儿子”的双重身份，才得以近距离观察菲利普夫妇的一举一动，展现他们极力想掩饰、不想为人知的那一面，也得以近距离看到了于勒叔叔满是皱纹的手和又老又穷苦的脸。第三，钱理群认为这营造了一种复杂的场域：由于这样的叙述者的选择，整个故事形成了多重的看与被看的关系——“我”的父亲、母亲这样的成年人怎样看于勒，“我”怎样“看”父母这样“看”于勒，以及“我”怎样看于勒。情节在多重对比之中更有波澜，也能够引发读者的深入思考。

其实于勒的故事不只发生在法国，在我们身边也有金钱与亲情的矛盾与选择。当我们面临这样的矛盾时该如何判断、如何选择？正如王富仁所言，“我”的视角“可以让一代代的儿童都不要忘记、更不能轻视自己少年时期的人生观察和人生体验，并把自己对人的自然、朴素、真诚的爱和同情保留到自己的成年，不要被现实的金钱关系所异化，因为只有这样的心灵，才是人类最健全、最美好的心灵”①。

知识要点

◎ 叙事视角

叙事视角指的是叙述者讲述时所采用的某个人的眼光，涉及观察故事时的角度；叙述声音回答的问题是“谁说”，叙述眼光回答的问题则是“谁看”。叙述视角不仅指一个人的视觉、听觉等感知，而且包括这个人对事物的看法、立场观点或感情态度。

◎ 叙事时间

叙事就是在讲故事，阅读则是在听故事，这是一个时间的过程。“在这个讲故事的过程中实际上涉及两个时间概念——一个是

① 王富仁：《怎样感受人？怎样感受人与人之间的关系？——简说莫泊桑的短篇小说〈我的叔叔于勒〉》，载《语文学习》，2003（05）。

‘讲’的时间，一个是‘故事’内容本身的时间。”[1]“讲”的时间即叙事时间，与“故事”的时间并不完全一致。有的时候“故事”的时间很长，而仅仅几笔带过，叙事速度变快；有的时候“故事”的时间很短，叙述者却娓娓道来，叙事速度减慢。究竟要采用什么样的叙事速度，源于作者刻画人物和表现主题的需要。

学习拓展

辑评

● 不是按照他所希望看到的样子，而是按照事物本来的样子来看事物。——托尔斯泰

● 无限的丰富多彩，无不精湛绝妙，令人叹为观止；读他的作品的时候，可以笑或是哭，但永远是发人深省的。——左拉，《在莫泊桑葬礼上的演说》

① 童庆炳主编：《文学理论教程（第四版）》，246页，北京，高等教育出版社，2008。

参考文献

①［法］莫泊桑：《莫泊桑短篇小说选》，张英伦译，北京，人民文学出版社，2010。

②钱理群、孙绍振、王富仁：《解读语文》，福州，福建人民出版社，2010。

教学建议

1. 情节梳理。围绕菲利普夫妇对于勒态度的变化，可以用表格、曲线图或思维导图等多种方式梳理小说情节。

2. 人物分析。假如你是文中的菲利普先生、太太，看到这样穷困的于勒，你会认他吗？体会于勒想回家而不能回、菲利普先生想认亲而又不敢认的矛盾心理，结合现实生活谈谈你的感受。

3. 文本改写。小说是以小男孩若瑟夫的视角叙述故事的，这样写有什么好处？尝试以其他人的视角讲故事，体会一下将会有何不同。

变色龙

十九世纪的俄国处于大革命的特殊时代，社会动荡不安，人民的思想与生活都极不稳定。俄国政府对社会民众采取了文化高压的政策，使得在思想意识领域，人民对社会的不满与对抗意识越积越深。虽然俄国政府施行高压政策，但是诸如契诃夫一类的现实主义作家，仍旧在用自己的文学作品表达对社会的批判、对俄国宪兵白色恐怖的反抗。《变色龙》这部作品就是在这个时间与背景下产生的，是契诃夫的代表作品之一。这是一部具有讽刺意味的小说，作者运用轻松诙谐、幽默简洁的语言将警官奥楚蔑洛夫的形象白描般地勾画出来。虽然文笔轻松，但是这部作品所蕴含的社会意义却十分沉重。

文本解读

1. 经典文本多层次阅读

孙绍振在《解读语文》一书的序中曾言[①]：如果我们不满足于以追踪西方阅读理论为务，有志于阅读学的原创性建构，那么，经典文本的结构并不是单层的，至少有三层次。第一层次是显性的，按时间、空间顺序，将外在的、表层的感知连贯，包括行为和言谈的过程。这个层次是最通俗的，学生可以一望而知。文本的第二个层次，是隐性的。在显性感知过程以下的，是作者潜在的"意脉"变化、流动的过程。这是普通学生容易忽略的。文本的第三层次，是文体形式的规范性和开放性，还有文体的流派和风格，这里有着更为深邃的内涵。

若以文本的多层次阅读理论分析《变色龙》，小说的解读可以分为以下三个层次。文本的第一层次，是小说的主要情节。警官奥楚蔑洛夫断案，一桩狗咬人的小案件。围绕着狗主人的不确定性，奥楚蔑洛夫发生了五次态度的变化。文本的第二层，即作者潜在的"意脉"变化。奥楚蔑洛夫的见风使舵、首饰匠赫留金

① 钱理群、孙绍振、王富仁：《解读语文》，6～7页，福州，福建人民出版社，2010。

的无聊与狡猾、围观市民的好事与起哄，共同建构了一个在高压政策笼罩下的“场”。小说最初发表时，也曾有“一场小戏”的副标题，只是后来收入小说集时，才被作者自己删除。[①]这是一出奥楚蔑洛夫在围观群众众目睽睽之下的出色表演。“场”里在表演、在变化，而在这判案态度的“变”之中蕴含着主人公为人做事原则的“不变”：趋炎附势、媚上欺下。结尾，在人群爆发出的笑声中，引发读者去思考如此社会之中人的生活状态与精神构成。

文体的第三个层次，是文体形式的规范性和开放性及文体的流派和风格。可以这样说，正是短篇小说的文体形式与契诃夫的创作特色共同成就了《变色龙》的艺术造诣。茅盾说：“短篇小说主要是抓住一个富有典型意义的生活片段，来说明一个问题或表现比它本身广阔得多、也复杂得多的社会现象的。”其特点是篇幅短小，情节简洁，人物集中，结构精巧。它往往选取和描绘富有典型意义的生活片段，着力刻画主要人物的性格特征，反映生活的某一侧面，使读者“借一斑略知全豹”。通过警官奥楚蔑洛夫判案这一富有典型意义的生活片段，以人物夸张的语言、行为刻画出一个典型的沙皇统治时期的小官吏形象，并以此来表现广阔、复杂的社会，充分体现了现实主义小说的创作特色。

① 詹丹：《狗的定位与人的逻辑——重读〈变色龙〉》，见《阅读教学与文本解读》，124页，上海，上海教育出版社，2017。

2. 讽刺性

讽刺艺术是契诃夫小说的鲜明特色，《变色龙》的题目、人名、语言动作、小狗身份及围观群众群像，无不体现出鲜明的讽刺性。小说《变色龙》，从题目开始就凸显出作品具有的讽刺性。在叙述的过程中，小说主人公奥楚蔑洛夫果然如同自然界的“变色龙”一样，根据小狗主人的不断变化而随时变脸，无耻谄媚的形象在戏剧一般的讽刺意味中跃然纸上。小说对于人物的命名，同样讽刺意味鲜明。就拿小说主人公奥楚蔑洛夫这个名字来说，在俄语中，奥楚蔑洛夫用来形容一个人发狂、失去理性。作为小说中的另一个主要人物赫留金，他的名字在俄语中的意思是“猪的叫声”，也就是猪哼哼的声音。[①]作者把这样一个含义的名字用在一个被狗咬了的小市民身上，充分表现了沙皇统治下小市民虚伪市侩的特性。如果读者知道了人物名字的含义，随着小说情节的发展一定会笑声不断，而笑过之后又会引发更深的思考。

主人公奥楚蔑洛夫讽刺性的语言和动作是全文描写的重点，通过这些细节塑造出特点鲜明的“变色龙”警官，以其前后对比与夸张的语言表现出讽刺效果。

（当听说不是将军家里的狗）将军家里都是些名贵的、纯种的狗；这条狗呢，鬼才知道是什么玩意儿！毛色既不

① 张建生：《〈变色龙〉的人物形象及讽刺艺术探析》，载《语文建设》，2016（30）。

好，模样也不中看，完全是个下贱胚子。居然有人养这种狗！这人的脑子上哪儿去啦？……那儿的人可不管什么法律不法律，一眨眼的工夫就叫它断了气！

（当听说是将军家里的狗）告诉他们别再把狗放到街上来了。说不定这是条名贵的狗；可要是每个坏家伙都拿烟卷戳到它的鼻子上去，那它早就毁了。狗是娇贵的动物……

所谓“打狗看主人”，警官奥楚蔑洛夫判案也看主人。狗的主人是不是将军，完全决定了奥楚蔑洛夫前后的变化。他能把小狗说得一文不值，也能对它百般爱护，态度反差非常鲜明，从中也能体会出奥楚蔑洛夫夸张的语言与神情。通过几番对比，奥楚蔑洛夫见风使舵、媚上欺下的性格表现得淋漓尽致，充分体现了作者对于当时俄国社会现实的批判。

小说《变色龙》中还有一个不可忽略的群像，那就是围观的群众。如果说警官奥楚蔑洛夫在木柴厂门口演了一出戏，围观的群众便热情高涨地看了一出戏。在小说开篇奥楚蔑洛夫威风凛凛地穿过市场广场时，“四下里一片沉静。广场上一个人也没有”。社会经济萧条，日常生活毫无生机。当静寂的广场上突然爆发赫留金的叫喊声，“木柴厂四周很快就聚了一群人，仿佛一下子从地底下钻出来的”。围观的群众不仅对看戏热情高涨，而且兴致勃勃地纷纷参与，一起与奥楚蔑洛夫侦查小狗的主人究竟是谁，贡献出自己的智慧，唯恐天下不乱。小说的结尾，小狗被普洛诃尔带走了，围观人群对着赫留金哈哈大笑。这个笑意味深长，同时也表明了这群人多么好事与有闲。通过这样一群围观者的群像塑造，契诃夫讽刺了沙皇统治时期小市民的空虚与无聊，揭露了当时整个社会的麻木与冷漠。

3. 言语细读

契诃夫的小说大多是速写式的，情节比较简单。而在《变色龙》这篇小说中，契诃夫为保证小说叙述的客观性，选择了直接引语来展示小说中人物的话语，尽量减少叙述者的干预。正是由于直接引语的精彩使用，小说中每一个人物形象都栩栩如生。事实上，这篇小说中的人物性格和情节发展，几乎完全依赖人物语言加以刻画和推进。因而，研读品味小说中的人物语言应该是这篇课文的主要教学内容。①

（1）自相矛盾。

一桩狗咬人的生活小事，由于狗的主人不确定，奥楚蔑洛夫的判断也摇摆不定、自相矛盾。他最初断言这小狗“多半是条疯狗”，当听说它是将军家的狗时，又产生了怀疑：它怎么会咬着你呢？“它是那么小；你呢，却长得这么魁梧！”后来因为巡警说这不是将军家里的狗，奥楚蔑洛夫立即翻脸：“毛色既不好，模样也不中看，完全是个下贱胚子。”当听到有人说“没错儿，将军家的！”奥楚蔑洛夫赶紧溜须拍马：“说不定这是条名贵的狗。”当

① 马晓奕：《教什么与怎么教——〈变色龙〉教学的孕育》，载《语文教学通讯》，2012（Z2）。

最终将军家的厨师证实了狗的主人是将军的哥哥，奥楚蔑洛夫对小狗几近谄媚：“这小狗还不赖，怪伶俐的，一口就咬破了这家伙的手指头！……好一条小狗……”看来，究竟狗咬人错在谁并不重要，重要的是狗的主人是谁。如果狗的主人是一般平民，奥楚蔑洛夫便要狠狠教训一番；如果狗的主人是将军，他便认为小狗是无辜的，是赫留金寻衅滋事。这真是自相矛盾。

（2）标点符号。

标点符号是重要的语言要素，标点符号能够表达出人物言语的停顿和语气，显示句子的语调。省略号可以用于表示内容的省略、话语的中断或是语义的省略，加强了人物语言的表现功能。结合小说《变色龙》，文中省略号的使用非常突出。小说开篇第二段，赫留金高声叫喊：“伙计们，别放走它！这年月，咬人可不行！逮住它！哎哟……哎哟！”这句话中，有三个感叹号，可以感受到赫留金语气强烈，气急败坏。最后的“哎哟”声表示疼痛难忍，既沉重又延续不断。赫留金极力在表明自己被小狗咬得多么疼痛，希望获得同情从而得到赔偿，从此也可以看出一个小市民的无赖心理。当人群中有人提到是将军家的狗，奥楚蔑洛夫说话便断断续续：

席加洛夫将军？哦！……叶尔德林，帮我把大衣脱下来……真要命，天这么热，看样子多半要下雨了……只是有一件事我还不懂：它怎么会咬着你的？

这里出现了三处省略号，都在表明奥楚蔑洛夫说话时的言语中断。因为他畏惧将军的权势，甚至是一条小狗也不能得罪，因此需要推翻自己原先的论断。他分外紧张，可是在众人面前又得自找台阶。言语的不连贯，说明人物复杂的心理。慑于权势，奥楚蔑洛夫也在赔着小心，拿捏着说话的分寸。可是对于赫留金和他的手下，奥楚蔑洛夫说话时斩钉截铁、毫不犹疑：

> “不瞒您说，我的兄弟就在当宪兵……”（赫留金）
>
> “少说废话！”（奥楚蔑洛夫）
>
> “不对，这不是将军家里的狗……”巡警深思地说，“将军家里没有这样的狗。他家的狗，全是大猎狗。”（巡警）
>
> “你拿得准吗？”（奥楚蔑洛夫）
>
> “拿得准，长官……”（巡警）
>
> “我也知道。将军家里都是些名贵的、纯种的狗；这条狗呢，鬼才知道是什么玩意儿！”（奥楚蔑洛夫）

为了看得清楚，笔者在对话后面添加了人物。从赫留金与巡警的话语中可以看出，两处省略号都表明话还没有说完而被奥楚蔑洛夫匆忙打断。他不愿意听到赫留金与巡警过多的解释，在他们面前奥楚蔑洛夫高高在上，只有他的话才是最终的裁决。所以，仅仅通过文中省略号的妙用，便可以揭示出奥楚蔑洛夫媚上欺下的特征，品味到契诃夫小说语言艺术的无穷魅力。

知识要点

◎ 讽刺

运用多种讽刺技巧，如夸张、巧合和漫画式的描写，以强调被描述对象的矛盾、可笑或错误的一面，从而形成强烈的对比效果。讽刺小说的目的是通过这种犀利的笔触暴露、鞭挞和抨击不良的社会现象，以达到惩戒或启示的目的。鲁迅在《什么是“讽刺”？》里说道：“一个作者，用了精炼的，或者简直有些夸张的笔墨——但自然也必须是艺术的地——写出或一群人的或一面的真实来，这被写的一群人，就称这作品为‘讽刺’。”“‘讽刺’的生命是真实；不必是曾有的事实，但必须是会有的实情。”

◎ 将“小人物”塑造成艺术典型

契诃夫的主要艺术见解有四点。第一，由“一群”创造“一个”。第二，由“特征”见“全人”。第三，按照艺术辩证法办事。契诃夫主张要“尽力使得人物的精神状态能够从他的行动中看明白”而尽量避免纯心理描写，要以简洁求鲜明而不必对人物作面面俱到的刻画，要从短篇小说承受能力出发以“他和她”为

“重心”而“不必追求人物的众多”。第四，要不做“政论家”。契诃夫认为作者应“完全撇开自己”，“凡是该说的话都让您描写的人物去说”，或者留给读者于看后想出来。①

学习拓展

参考文献

①［俄］契诃夫：《契诃夫小说选》，汝龙译，北京，人民文学出版社，1978。

②高永立：《契诃夫》，北京，中国社会出版社，2012。

① 郭长兴：《短而小的艺术——简论契诃夫短篇小说创作》，载《河南大学学报（社会科学版）》，1998（06）。

教学建议

1. 《变色龙》是现实主义短篇小说的代表作品。环境、情节、人物的典型性是文本的重要特征。分析小说的环境描写、情节发展和人物性格，采用图表梳理奥楚蔑洛夫的五次变化，探寻其变化的原因。

2. 课文导读点出了题目“变色龙”，引导学生关注自然界的变色龙与小说中的“变色龙”的相似性，思考题目“变色龙”的象征意义，联想现实生活中的人和事。

3. 在熟读课文的基础上，分角色朗读，仔细品味人物语言的讽刺效果。

说 明 文

阿西莫夫短文两篇

阿西莫夫是美国著名科普作家、科幻小说家。他一生著作有近500本，与罗伯特·海因莱因、亚瑟·克拉克并称为科幻小说的三巨头。英语中robotics（机器人）一词就是阿西莫夫首创的。阿西莫夫曾有一句名言：科学太重要了，不能单由科学家来操劳。科普作品和科幻小说就是以通俗易懂的形式，向孩子、向大众、向更多的读者讲科学，引起他们的兴趣和关注。中国的科普作家卞毓麟在中国大力推荐阿西莫夫和他的作品，可谓用心良苦，他曾在一篇文章中说："可以很形象地说，阿西莫夫创作时的全部需求，就是知识、书房和一台打字机。这几件东西，我们似乎都不缺乏，但中国的'阿西莫夫'仍难觅踪迹。"在快速发展的现代化社会，阿西莫夫这样的科普作家与科普作品显得尤为重要。

文本解读

1. 短文采用逻辑顺序说明事理

说明文有两类，事物说明文和事理说明文。事物说明文的说明对象是具体的物质或事件，而事理说明文的说明对象通常是某种抽象的事理，如科学原理、社会规律等。短文两篇显然是事理说明文，意在阐明一个道理：不同科学领域之间是紧密相连的。一个科学领域的发现肯定会对其他领域产生影响。这在《恐龙无处不有》开篇，作者就开宗明义。

事理说明文是由“事、理”两部分构成的。在这类文章的阅读中，第一是“找事实”，即找出作者用来说明某个道理或引出某个道理的事实；第二是“明道理”，根据这些事实去理解文章所要说明的事理。

例如，《恐龙无处不有》中举出事实，在南极附近发现恐龙化石；因而推理可得，恐龙遍布世界各地。另外又举出事实，恐龙不能在寒冷的南极生存；以此假设问题，恐龙是如何越过大洋到另一个大陆上去？得出推理，是大陆在漂移而不是恐龙自己在迁移。

再如，《被压扁的沙子》中举出事实，在6500万年以前的岩层中检测到斯石英；因为斯石英出现的地方肯定发生过撞击，而且肯定没有发生过火山活动，所以造成恐龙灭绝的原因是撞击而不是火山活动。

两文阐明同一道理：不同科学领域之间是紧密相连的。一个科学领域的发现肯定会对其他领域产生影响。《恐龙无处不有》由南极发现恐龙化石，便找到大陆漂移学说的新证据；《被压扁的沙子》则从斯石英的发现，推导出恐龙灭绝的原因是撞击。

2. 两篇短文中出现的推理方法

（1）归纳推理法。

归纳推理法指的是由个别到一般的推理。由一定程度的关于个别事物的观点过渡到范围较大的观点，由特殊具体的事例推导出一般原理、原则的解释方法。例如，在《恐龙无处不有》中，在南极大陆上发现了恐龙化石，在其他大陆上也发现有恐龙化石，从而推导出恐龙无处不有，就是由个别事物（南极、其他大陆）推导出一般结论（无处不有）。

（2）假说演绎法。

假说演绎法指的是在观察和分析的基础上提出问题以后，通过推理和想象提出解释问题的假说，根据假说进行演绎推理，再通过实验检验演绎推理的结论。[①]《恐龙无处不有》的作者提出问

① 李红：《“遗传与进化”模块中“假说–演绎法”的教学》，载《生物学通报》，2007（04）。

题：恐龙如何能在南极地生存？通过推理和想象提出解释问题的假说：是大陆在漂移而不是恐龙自己在迁移。演绎推理的大前提是早期恐龙分散到泛大陆的各个地方，所有陆地都在热带和温带环境；演绎推理的小前提是恐龙不适应南极洲寒冷的气候；得出结论是大陆分离时每个大陆都携带着自己的恐龙而去。

（3）竞争性假说。

竞争性假说指的是对同一个问题，提出两个不同的假设，驳倒一个假设，则另一个成立。《被压扁的沙子》中针对6500万年前恐龙灭绝有两种假说："撞击说"和"火山说"。被压扁的沙子被称为"斯石英"，它们只出现在被强烈挤压的地方，也就是受到强烈撞击后留下的。但是，斯石英并不稳定，如果温度足够高它会变为普通的沙子。也就是说，斯石英出现的地方肯定发生过撞击，但是没有发生过火山活动。6500万年前恐龙灭绝年代的岩层中检测到了斯石英，说明那时发生了巨大的撞击而没有发生过火山活动，否则斯石英无法留存下来。这就明显地驳倒了"火山说"。

3. 科学性与通俗性高度统一

科普作品往往说明的是比较深奥、专业的科学知识，但作者采取了朴实的语言，使原本深奥的知识变得通俗易懂。

两篇短文没有大段的文字，段落多而短，有的在一段里提出问题，有的是得出结论，有的则是做出总结。这样便于读者跟随作者思路，一边阅读一边思考。文本的语言严谨而不失幽默，作者通过出现的“人称代词”、补充说明、生动的比喻等形式，好似与读者聊天，让读者不知不觉参与到分析与推理的过程中。

（1）语言严谨。

印度向北移动，并且大约在5000万年前与亚洲相碰撞，形成巨大的喜马拉雅山脉。两个陆块在那里聚合并缓慢地褶皱变形。

表达时间的“大约”二字不可少，说明了作者的行文严谨，并非妄下定论。“褶皱”是指，由于地壳运动，岩层受到挤压而形成连续弯曲的构造形式。作者采用了专业术语，准确地表达了两个陆块聚合后的地理运动。

（2）括号里的文字。

两篇短文有多处括号里的文字，起到补充说明作用，拉近了与读者的距离，似乎作者就在身边与我们攀谈讨论。例如：

如果看一张地图，并假定把非洲和南美洲拼合在一起，你就会看到它们拼合得多么天衣无缝。

万一哪天某个星体要撞击地球，我们也许会知道如何来避免这种撞击。

你也可以在真空中对金刚石加热，从而把它恢复到原始碳的状态，但谁愿意这样做呢？

以上列举的三句话都出现在括号中，人称代词是“你”或“我们”，营造了一个讲述与倾听的良好氛围。作者要么补充证明方法，要么进一步阐明目的，能够让读者更清晰地理解作者的观点，也让文章更为亲切活泼。

知识要点

◎ 科普作品

科普作品指的是一种以向大众普及科学知识为主要目的的作品。其主要功能和目的就是宣传普及科学知识，科普作品的成功在很大程度上也会扩大社会影响力，展现科学的魅力。科普作品所述内容具有一定的学科专业性，也有一定的普及性、可读性和通俗性。在陈述专业科学知识时，要求作者把握一定程度的严谨性，同时允许作者适当地虚构作品情节、人物、环境等以增加可读性。

◎ “撞击说”与“火山说”

《被压扁的沙子》一文提到“在过去的 9 年里”，可能读者并不清楚是从哪一年到哪一年，文中还说“科学家们一直对6500万年前恐龙灭绝的一个新观点争论不休”，这个“新观点”是“撞击说”还是“火山说”呢？回答这一问题需要追溯原文发表的时间。此文于1989年4月14日发布于《洛杉矶时报》，题为《造成恐龙灭绝的理论》。后以《被压扁的沙子》为名收录至《边界》。因此，“过去的9年”是指从1980到1989年，“新观点”指的是“撞击说”，而不是“火山说”。“火山说”是在“撞击说”这一“新观点”提出后，争论不休的9年中被提出的又一观点。

学习拓展

辑　评

● 阿西莫夫的作品质与量俱优，这当然与他的勤奋、与他深厚的科学和文学根底相关；但是，我们还必须看到：他有着强烈的社会责任感，创作动机明确而高尚，这也许正是他成功的关键所在。——中国著名科普作家卞毓麟

● 在这个科技的世纪，我们需要一位能将科学和公众联系在一起的人物。没有人能把这项工作做得像阿西莫夫那样出色，他

是我们这个时代伟大的讲解员。——美国著名天文学家兼科普作家卡尔·萨根

参考文献

①［美］艾萨克·阿西莫夫：《新疆域》，上海，上海科技教育出版社，1999。

②［英］米歇尔·怀特：《阿西莫夫：逸闻趣事》，呼和浩特，内蒙古人民出版社，1999。

③［美］艾萨克·阿西莫夫：《人生舞台：阿西莫夫自传》，黄群、许关强译，上海，上海科技教育出版社，2014。

教学建议

1.《被压扁的沙子》是否离题太远？题目换成《恐龙是怎样灭绝的》正好与《恐龙无处不有》相呼应，这样好吗？

题目《被压扁的沙子》更好，因为作者并不是要回答恐龙灭绝的原因，而是通过斯石英的发现，推导出恐龙灭绝的原因是撞击说，从而证明“不同科学领域之间是紧密相连的”这一观点。因而“被压扁的沙子”是证明过程的关键，即找事实、明道理中的重要事实。

2. 把文章原译文提供给学生，让学生将其和教材修改本比较辨析，能让学生在真实而具体的语言情境中体会、理解何为说明文语言的准确性。使学生在自己的写作实践中养成推敲语言的习惯，提高语言运用的能力。例如：

在一个科学领域作出（教材删去了“作出”二字）的发现肯定会对其他领域产生影响。

在1986年1月，阿根廷南极研究所宣布在詹姆斯罗斯岛发现了一些化石骨骼（教材改为“骨骼化石”）。该岛是稍微离开南极海岸（教材改为“离南极海岸不远”）的一小片冰冻陆地，非常靠近南美的南端。这些骨头毫无疑问属于鸟臀目恐龙。

3. 结合“用互联网学语文”这一综合性学习活动，设置真实情境，例如，寻找《恐龙无处不有》的英文原文对比翻译语言，结合短文讨论的“地壳运动”“恐龙灭绝的原因”等问题引发学生讨论并互相分享搜索技巧。

大雁归来

利奥波德是美国生态文学家和生态思想家，环境保护主义的先驱，被誉为“美国新环境理论的创始者”“生态伦理之父”，野生动物管理研究的始创者。《大雁归来》选自利奥波德的著作《沙乡年鉴》，究竟它是一篇事理说明文还是一篇科学性散文，历来被大家讨论。事理说明文要说明一个抽象的事理或是客观规律，而科学性散文是用简练的文笔描述某些科学现象并带有作者个人的情感。有人认为《大雁归来》并非专业的科学考察笔记，而是生活随笔。[①]也有人认为《大雁归来》是一篇兼具科学性和人文性的文艺性说明文。[②]关于此，作者在书序中已交代得清清楚楚：“第一部分所描述的是我们一家人在周末时，在那远离过多的现代化的世外桃源——‘木屋’中所看到和所做的事情。”[③]作者描写这

① 黄冰茹、叶黎明：《一名生态学家对野生生物爱的凝视与沉思——〈大雁归来〉文体新解》，载《语文教学通讯》，2023（14）。

② 张心科：《依体而读，因文而教——〈大雁归来〉的解读与教学》，载《语文建设》，2023（15）。

③ ［美］奥尔多·利奥波德：《沙乡年鉴》英文版序，侯文蕙译，5页，北京，商务印书馆，2016。

些生物并不仅仅停留在客观地为读者介绍它们的习性、生活方式及揭示背后的原因，而是缓缓展开一幅幅大自然的生态图景，让我们看到一个充满诗意的世界。

文本解读

《大雁归来》具有知识性、形象性、抒情性的特点，以描述的笔法向读者展现了三至五月春雁归来的习性和与万物共生的美丽图景，从中也体现了作者“土地伦理”的观点和对雁群的喜爱之情。

1. 大雁归来的时间顺序

在全书的第一编《一个沙乡的年鉴》共分了十二个月，在每一个月份作者都详细描述了观察到的在这片土地上生生不息、多姿多彩的生物，三月的主题便是大雁归来。全文按照时间顺序，分别描写了低语的大雁、喜水的大雁、觅食的大雁、哀鸣的大雁、集会的大雁、迁徙的大雁。

因为十一月份到处都有猎枪，三月份的大雁穿过已没有猎枪的狩猎点后，依然小心翼翼地向每个沙滩低语着；而经过试探以后，雁群便发出邀请，开始尽情地戏水、在玉米地觅食。四月份的大雁逐渐增多，通过观察每支雁队组成的数字，可以发现单身的大雁，也可以听到大雁热闹的集会。待到五月份，大雁集会就逐渐变少，沼泽地又成了其他动物生活的领地。

2. 自然主体性原则

《大雁归来》的描写符合“生态审美的主体间性原则”，即人在与具体的自然物发生审美关系时“不是把自然物当作客体、当作审美主体特征的客观对应物，而是当作另一个主体，与之进行交互主体性的沟通，并在这种平等的沟通中体验自然物的美”。[①]很多作者在描写自然物时，往往把它们当作客体，视为自我思想情感的投射物，以自然物为寄托表达作者自己。利奥波德的自然审美是把大雁当作独立的个体和另一个主体，遵循大雁的生命规律，突出了大雁充满魅力的原生态自然美，大雁本身就是审美目的。

文中多处描写了大雁鸣叫，这是作者亲身观察的真实书写，也客观展现了大雁的生活习性。十一月南飞的鸟群，即使发现了它们喜欢的沙滩和沼泽，也几乎是“一声不响”。它们在聪明地躲避对准它们的猎枪。三月回归的大雁，没有了猎枪的威胁，它们顺着弯曲的河流拐来拐去，向每个沙洲“低语”，这是在向久别的朋友问好。第一群大雁一旦来到这里，它们便向每一个迁徙的雁

① 王诺：《生态批评与生态思想》，249页，北京，人民出版社，2013。

群“喧嚷”着发出邀请，展现了大雁的热情与好客。在玉米地觅食的大雁，出发前有高声有趣的“辩论”，返回后有絮絮叨叨的“低语”，它们在论述食物的价值吗？还有文中一段情趣盎然的雁声描写：

> 突然间，刺耳的雁叫声出现了，并且带着一阵急促的混乱的回声。有翅膀在水上的拍打声，有蹼的划动而发出来的声音，还有这一场激烈辩论的观战者们发出的呼叫声。随后，一个深沉的声音算是最后发言，喧闹声也渐渐低沉下去，只能听到一些模糊的闲谈。

只有作者把大雁当作另一个主体，心怀喜爱之情认真地聆听、用心地感受，才能写出如此细腻的、不同种类的雁声。作者能够辨别是翅膀拍水还是蹼在划动，联想到它们或许是在争吵打闹，也有观战者辩论，可见大雁的沼泽集会热闹而有趣，通过描写可以真切地感受到作者的爱鸟之情。

3. 生态整体性原则

有人说，科学家“研究的总是大自然的小指头”，而生态学家“总是具有整体主义倾向”。[①]《大雁归来》不仅强调将大雁作为

① 何怀宏：《生态伦理——精神资源与哲学基础》，452页，保定，河北大学出版社，2002。

审美对象，而且要将其置于生态整体中，从生态整体的宏观视野审美来看大雁。

（1）文中的“我们”。

全文在描写大雁的时候，多处用到了“我们”，例如，向我们农场宣告新的季节来临，我们刚到的客人就会叫起来，我们的大雁又回来了，我们的春雁每天都要去玉米地做一次旅行，我们的沼泽便再次成为弥漫着青草气息的地方……《新华词典》解释，“我们”属于人称代词，指包括自己在内的若干人。那文中的“我们”指什么呢？显然“我们”指的是农场主、农民、鸟类观察者、爱鸟者、自然环境、各种生物，等等。通过“我们”一词，可以感受到作者以平等的眼光包容土地上的万物，体现了其倡导的“土地伦理”。土地伦理是指人类与土地以及人与在土地上生长的动物和植物之间的伦理观，在这一共同体中人类不再是以征服者的面目出现，而是这个共同体中平等的一员。

（2）与大雁共生的环境。

虽然全文以大雁为主体，但也体现了土地伦理包含的整体性原则，文中多处写到大雁的地方也都带有周边的环境与其他的生物，例如：

> 一触到水，我们刚到的客人就会叫起来，似乎它们溅起的水花能抖掉那脆弱的香蒲身上的冬天。

这里的大雁、沼泽、水洼、池塘、香蒲是一个整体。而在精彩的描写雁声那一段，也有许多土地上的动物发出它们的声音，足以表明大雁是沙乡生态整体中的一员：

人们听到的只是沙锥鸟扇动翅膀的声音，远处的一只猫头鹰的叫声，或者是某只多情的蹼鸡从鼻子里发出的咯咯声。

通过这些细致的描写可以看出，作者的主要目的不是带读者去了解大雁的习性，其重点在于表达自己的情感、立场和价值取向。

知识要点

◎ 土地伦理

利奥波德在《沙乡年鉴》一书中首次提出土地伦理，作者在书中写了伦理演进、共同体概念、生态良知等观点。作者提出伦理的演变次序，他认为“伦理关系的扩展，实际上是一个生态演变中的过程”，这个过程是按照三个层次来发展的。“最初的伦理观念是处理人与人之间的关系的”，“后来所增添的内容是处理个人与社会的关系的”，而伦理必将在人类生存环境的范畴内扩展至第三个层次，即“处理人与土地以及人与在土地上生长的动物和植物之间的伦理观”。土地伦理只是扩大了这个共同体的界限，它包括土壤、水、植物和动物，或者把它们概括起来：土地。……土地伦理是要把人类在共同体中以征服者的面目出现的角色，变成这个共同体中的平等的一员和公民。它暗含着对每个成员的尊敬，也包括对这个共同体本身的尊敬。①

◎ 1943年开罗会议

1943年11月23日至26日，中、英、美三国在埃及开罗讨论联合对日作战和一些战后问题的会议。这次联合之所以“不可预期”，首先在于联合时间的不可预期，其次是哪些国家能形成联合不可预期。如果将大雁与人类相较而言，大雁的联合观念已经有很长时间了，其聪慧与团结甚至高于人类。

◎《沙乡年鉴》

美国作家奥尔多·利奥波德创作的自然随笔和哲学论文集，首次出版于1949年，全书包括“一个沙乡的年鉴”“随笔——这儿和那儿”以及“结论”三部分。它不是一本记录事物规律的说明类书籍，而是一本涉及伦理学、生态学、美学等领域的作品。

① ［美］奥尔多·利奥波德：《沙乡年鉴》，侯文蕙译，243页，北京，商务印书馆，2016。

全书用抒情的笔调描绘了作者观察到的生物世界，同时也表明一个环保主义者对土地自然的深情，以及对美好生物逝去的哀叹。《沙乡年鉴》被认为是“生态思想的圣经”，与《瓦尔登湖》《寂静的春天》并称“自然文学三部曲”。

学习拓展

辑　评

● 《沙乡年鉴》是自然文学的经典之作，它用诗意的语言，在审美愉悦中唤回人们对生态的最初的关注，折射出作者高超的创作水平。——美国生态学家和哲学家加勒特·詹姆斯·哈丁

● 《沙乡年鉴》是利奥波德一生观察、经历和思考的结晶，是一部关于土地的“诗”与“思”，以其深邃的自然哲思、鲜活的荒野形象、真诚的情感体验、诗性的散文话语成了世界绿色经典。——兰州大学文学院副院长郭茂全

参考文献

①［美］奥尔多·利奥波德：《沙乡年鉴》，侯文蕙译，北京，商务印书馆，2016。

②陈越：《〈大雁归来〉的生态审美意蕴》，载《今古文创》，2023（12）。

教学建议

1. 通过观察，作者详细地说明了大雁的部分习性。请整理、提炼课文中有关春雁的知识性内容。

2. 作者在文中多处用拟人的手法描写了大雁的鸣叫，有时“宣告”、有时“低语”、有时“喧嚷”、有时“辩论”。借助课文内容展开想象，请用自己的话尝试翻译大雁的种种鸣叫，体会作者对大雁的喜爱之情。

3. 文中最后将大雁迁徙比作“整个大陆所获得的从3月的天空洒下来的一首有益无损的带着野性的诗歌”，说说你对这句话的理解。

三月份是春天到来的时节，大雁在这个时间从南方飞回北方，它们的飞行队伍在天空中呈现出壮观的景象，如同在天空中洒下的一首诗歌。这里的“有益无损”指大雁在迁徙过程中，和其他鸟类、大自然和谐相处，帮助人类把玉米种子撒播到全球，对生态环境有着积极的影响。而“带着野性的诗歌”则强调了这种景象的原始和自然美，大雁的迁徙是一种自然现象，充满了野性和生命力。

议 论 文

就英法联军远征中国致巴特勒上尉的信

该文章写于1861年，显然雨果是在应答巴特勒上尉的意见征询，而对方早已摆出得意洋洋的姿态。众所周知，第二次鸦片战争以英法侵略者的满载而归宣告结束，是整个华夏民族刻骨铭心的耻辱。为什么雨果没有正面回答巴特勒上尉关于“远征中国”的看法？雨果的深刻用意是，通过评价火烧圆明园来评价所谓的“远征中国”。“通过关注特殊历史事件，来认识整段历史，探究其历史原因和历史影响。”[①]回到具体事件上来批判人和事，有理有据、义正词严地来揭露侵略战争的罪恶行径。

① 易朝芳：《语言与逻辑的双重奥秘——读〈就英法联军远征中国给巴特勒上尉的信〉》，载《语文建设》，2016（07）。

文本解读

1. 形象化中蕴含情感

有研究者认为此文是非典型议论文，因为议论文是论述的语言，而文中雨果几乎用一半的篇幅描写圆明园的独特魅力。对于英法联军的侵略行径，没有一上来就指控和批判，而是采用生动形象的比喻。可见，雨果在表明自己观点的同时也充分表达了自己对东方文明的尊重与热爱。文中将英法联军比作“强盗”，通过具体形象阐发作者对英法联军侵略中国的严厉谴责和抗议。

（1）圆明园形象化。

雨果没有去过圆明园，可能有所耳闻，内心也充满向往之情。可是，怎样通过想象描绘出圆明园独有的特色与重要文化价值，并且能够让法国人甚至是欧洲人充分认识这一点呢？雨果发挥想象力，将圆明园比作“用大理石，用玉石，用青铜，用瓷器建造一个梦”“亚洲文明的剪影”。

请你用大理石，用玉石，用青铜，用瓷器建造一个梦，用雪松做它的屋架，给它上上下下缀满宝石，披上绸缎，这儿盖神殿，那儿建后宫，造城楼，里面放上神像，放上异兽，饰以琉璃，饰以珐琅，饰以黄金，施以脂粉；请同是诗人的建筑师建造《一千零一夜》的一千零一个梦，再添上一座座花园，一方方水池，一眼眼喷泉，加上成群的天鹅、朱鹭和孔雀。

作者穷尽所有华丽的辞藻描绘圆明园之美。假想圆明园是一个洞府，外观是神庙、宫殿，这些也都是作者基于自身经验的想象。如果这些是虚写，作者又将圆明园与欧洲的知名文化建筑作对比，以烘托圆明园的重要价值。例如：

圆明园在幻想艺术中的地位就如同巴特农神庙在理想艺术中的地位。

人们常说：希腊有巴特农神庙，埃及有金字塔，罗马有斗兽场，巴黎有圣母院，而东方有圆明园。

稍有历史文化常识的欧洲人都知道巴特农神庙、金字塔、斗兽场、圣母院在民族历史和人类文化中的重要地位，这些古建筑不仅带有一个时代的印记，而且代表了一个民族独有的文化。这些古建筑毁灭之后再也无法复原，它们是属于全人类的文化遗产。通过比喻与对比，将东方的圆明园与欧洲的古建筑作对比，拉近了圆明园与读者的距离，也充分展示了圆明园的重要性。能够如此不惜笔墨描绘圆明园之美、突出圆明园重要价值，足以表现作者对于东方文明的尊重及对于圆明园的热爱。

（2）侵略者罪行形象化。

这般美妙的艺术奇迹消失了，因为两个来自欧洲的强盗闯进了圆明园。雨果将英法联军抢劫摧毁圆明园的暴行比作“两个强盗”，形象地展现了英法联军的侵略行径。“一个强盗洗劫财物，另一个强盗放火。”因为他们是“强盗”，所以在圆明园大肆“行窃”、大规模“劫掠”、分配“赃物”，然后“手挽手，笑嘻嘻地回到欧洲”。作者以形象的笔法揭露了英法联军火烧圆明园的罪行，两个强盗的丑恶形象立刻展现在读者面前。巴特勒上尉期待的是“赞誉”，而雨果将其比作“强盗”，并在后文展开直接控诉，直接表达出作者强烈的愤怒。

2. 反语的使用

文中多处采用褒词贬用的反语手法。如果直接贬斥表意直白，直接表达出来作者强烈的愤慨之情。而反语是运用与本义相反的词语来表达此义，词语的感情色彩发生变化，比起直接表达更为含蓄，情感更为强烈，批判程度更为深刻。

文章第一段提到“赞誉”一词，即赞赏、美誉。全文主要由两部分组成，对圆明园的描写、对两个强盗侵略行径的批判。结尾时作者总结：以上就是我对远征中国的全部赞誉，首尾呼应。此处的“赞誉”与本义完全相反，可以说是一份对于侵略中国的证词和批判。

文中还提到毁坏希腊巴特农神庙的额尔金，对圆明园干得“更彻底、更漂亮”，也就是抢劫更为贪婪、毁坏性更大，以至于荡然无存。“丰功伟绩！收获巨大！”都用了叹号，表达了作者尖锐的讽刺与出离的愤怒。强盗装满了腰包和箱箧，手挽手、笑嘻嘻回到欧洲。“手挽手”说明沆瀣一气，狼狈为奸。“笑嘻嘻”，而不是“笑哈哈”，意在描述抢劫者想掩饰但又掩饰不住的狂喜。“这就是文明对野蛮所干的事情”。在此语境之下，“文明”与“野蛮”完全倒置，“文明”人干出了最为“野蛮”的勾当。

3. 人道主义思想

雨果人道主义思想的基本含义是“博爱、仁慈、宽恕和道德感化”。“雨果的人道主义也经历了从偏重情感流露到重视理性探索，从同情底层弱者到关注人类命运，从一般事件的表现到对历史进程的沉思。”①本文既表现了强烈真挚的情感，又显示了作者对于“远征中国”的理性思考，是站在全人类的高度来评判这一历史事件。

文章开篇提出议题：我对英法的这次胜利会给予多少赞誉，然后从文章的两大主要内容“赞美圆明园的美”“批判英法强盗的行为”中归纳整理，得出本文的观点是：英法联军远征中国劫掠并烧毁了圆明园是一次强盗行为，我深切同情中国，强烈谴责英

① 吴廷美：《雨果人道主义思想的内涵及其发展轨迹》，载《外国语文》，1996（03）。

法联军。作为法国人，雨果能够冲破狭隘的民族主义通过自己的良知做出正义的判断，充分体现了雨果人道主义的思想。在文中也有多处体现，例如：

> 这座大得犹如一座城市的建筑物是世世代代的结晶。为谁而建？为了各国人民。因为，岁月创造的一切都是属于人类的。

雨果站在人类高度来审视世界，没有狭隘的民族主义情绪，为每个民族的优秀而喝彩，珍视每个民族创造的文化遗产。

> 将受到历史制裁的这两个强盗，一个叫法兰西，另一个叫英吉利。不过，我要抗议，感谢你给了我这样一个抗议的机会。治人者的罪行不是治于人者的过错；政府有时会是强盗，而人民永远也不会是强盗。

雨果将事情看得透彻，虽然全文情感饱满但丝毫未影响作者的理性逻辑。他愤怒的矛头极其精准，将政府与人民分离开来，不会因政府的过错而迁罪于人民。这一点可以为当今社会处理民族情感问题提供理性借鉴。

> 我希望有朝一日，解放了的干干净净的法兰西会把这份战利品归还给被掠夺的中国，那才是真正的物主。

虽然雨果的“希望”并没有成为现实，但他这份呐喊出于知识分子的良知与公正，也表现出了肯为全人类的良知郑重揭露自己国家政府过错的非凡勇气。

知识要点

◎ 人道主义

人道主义是源于欧洲文艺复兴时期的一种思想。提倡关怀人，尊重人，以人为中心的世界观，主张人格平等，互相尊重。法国大革命时期，人们把它具体化为自由、平等、博爱。

◎ 反语

反语又称“反讽”。说话或写作时一种带有讽刺意味的语气或写作技巧，单纯从字面上不能了解其真正要表达的含义，而事实上其原本的意义正好是字面上所能理解的意义的反面，通常需要结合上下文及语境来了解其用意。

◎ 第二次鸦片战争

为了进一步打开中国市场、扩大在华侵略利益，1856年10月至1860年10月，英法两国在美、俄的支持下联合发动的侵华战争。因为这场战争是第一次鸦片战争的延续和扩大，史称“第二次鸦片战争”。1860年，英法联军攻入北京，咸丰帝逃往承德。10月7日法国英国军队闯进圆明园，开始疯狂地抢劫并放火焚烧。直到10月19日晚，珍藏奇珍异宝、美轮美奂的皇家园林圆明园只剩下断壁残垣。

学习拓展

辑评

● 作为一个讲坛和诗人，他像暴风一样轰响在世界上，唤醒人心灵中一切美好的事物……他教导一切人爱生活、美、真理和法兰西。——高尔基

● 此文最值得今天的读者深长思之的还在另一方面：即全人类的价值标尺和大气磅礴、海纳百川的人文向度。——傅金祥

参考文献

①［法］安德列·莫洛亚：《伟大的叛逆者——雨果》，陈伉译，北京，世界知识出版社，1986。

②易朝芳：《语言与逻辑的双重奥秘——读〈就英法联军远征中国给巴特勒上尉的信〉》，载《语文建设》，2016（07）。

教学建议

1. 文章意在控诉英法联军的罪行，为何要大量描写圆明园的美？这对于表达作者的观点有何作用？

文章第三段中，作者通过各种语言形式，层层渲染，将对圆明园的渴慕之情推向极致。第四段“这个奇迹已经消失了”一句，与前文形成巨大落差。第三段越是将赞颂之情推向高潮，第四段的“奇迹消失”就越是令人痛心疾首。正是基于第三至四段的心理落差与叹惋心理，才会引发后文对“两个强盗”的控诉与批判，将这样的情感推向另一个高度。

2. 怎样理解“治人者的罪行不是治于人者的过错；政府有时会是强盗，而人民永远也不会是强盗。”怎样理解这一句话与全文论点的关系。

雨果将英法联军远征中国、洗劫圆明园的行径批判为两个强盗的罪行，对其郑重抗议、严厉控诉。同时，作者理性地将统治者和人民区别开，批评肮脏的统治者不等于批评整个国家。

3. 文中有多处使用反语来表明情感和态度。请从文中找出几个例子，说说其含义和作用。

例如，文中的“赞誉”“更彻底、更漂亮”“丰功伟绩！收获巨大！”

谈读书

英国文学家、哲学家培根创作的《随笔集》共收录58篇随笔，概括起来主要涉及人与世界、人与自身、人与宗教的关系。作者往往以一人一事为出发点抓住某个共同关心的问题，或叙事或议论，深入剖析给人以启迪。这种文风与培根当时所处的文艺复兴的历史背景分不开。文艺复兴时期，人文主义者反对中世纪封建教会以“神”为本，主张以“人”为本，肯定人的价值与尊严，用理性反对蒙昧主义。为教化有弱点与缺陷的普通人，文章中常带有教诲的目的。《谈读书》译成中文不足七百字，是《随笔集》中最有影响力的一篇。

文本解读

1. 文章的观点是什么?

《谈读书》是一篇文艺性随笔，并非典型的议论文。有人说全文没有中心论点，几乎一句话就是一个观点，这也可以视作是本文的一大特点。题目是《谈读书》，共写了关于读书的哪些方面?

（1）读书目的。

全文开篇就写到读书的目的：“读书足以怡情，足以傅彩，足以长才。”接着论述了不同目的出现的不同场景：“其傅彩也，最见于高谈阔论之中；其长才也，最见于处世判事之际。”同时，又提出了读书三大戒忌：“读书费时过多易惰，文采藻饰太盛则矫，全凭条文断事乃学究故态。”作者告诫我们读书虽有很多好处，但是要谨防费时过多、修饰太盛、全凭书本知识而无视实践经验，对读书能够“怡情”“傅彩”“长才”提出了限定条件，可见作者思维之严谨。

（2）学以致用。

读书有这么多益处，但是读书是为了用书。“读书补天然之不足，经验又补读书之不足。”“而书中所示，如不以经验范之，则又大而无当。”此处提到了人的天赋、读书、经验三者的关系，读书可以增长人的智慧，但是需要用实践来检验。究竟如何用书呢？“然书并不以用处告人，用书之智不在书中，而在书外，全凭观察得之。”也就是说书并不会讲如何使用，书内读书、书外用书，读书既要读进去还需跳出来。在书之外的现实生活和生产劳动之中方可用书，这全凭人的观察得出。

（3）读书态度。

“读书时不可存心诘难作者，不可尽信书上所言，亦不可只为寻章摘句，而应推敲细思。”读书不可取的三种态度：一是存心为难作者不信书，二是全部相信书中所言没有自己思考，三是只读只言片语、断章取义。而应有的读书态度是推敲和细思，在认真阅读的基础上加入自己的分析和思考。

（4）读书方法。

“书有可浅尝者，有可吞食者，少数则须咀嚼消化。”面对不同的书籍可有不同的阅读方法，有些书可以跳读，有些书可以浏览，而经典名著书籍需要精细阅读。同样，伴随读者不同的阅读目的就有不同的阅读方法，获取信息类阅读可以主攻某一部分内容，休闲娱乐性阅读可以翻阅浏览，而为了学习的阅读就需要精细阅读甚至是重复阅读。

（5）读书功能。

“读书使人充实，讨论使人机智，作文使人准确。”读书、讨论、作文三种行为皆对人有益。具体到读书的不同种类，“读史使人明智，读诗使人灵秀，数学使人周密，科学使人深刻，伦理学使人庄重，逻辑修辞之学使人善辩”，可谓开卷有益，而且不同学问影响了不同的性格。接着用比喻的方式论述，如同运动可以除百病，人头脑中的缺陷皆可用读书来改善。“如智力不集中，可令读数学，盖演题须全神贯注，稍有分散即须重演；如不能辨异，可令读经院哲学，盖是辈皆吹毛求疵之人；如不善求同，不善以一物阐证另一物，可令读律师之案卷。”读书的功能可以概括为影响性格、改善缺陷。

2. 比喻修辞的作用

比喻手法，往往能使抽象的、难以理解的道理或事理形象化。作者就是将其对读书的观点比作生活中大家熟知的事和物，这样的说理形象易懂又有说服力。例如：

> 读书补天然之不足，经验又补读书之不足，盖天生才干犹如自然花草，读书然后知如何修剪移接；而书中所示，如不以经验范之，则又大而无当。

此处将人的天然状态比作花草，读书对人的作用比作对花草的修剪移接，书籍对人的塑造与提升就如同将野生散乱的花草修剪为规整美观的花卉。

> 书有可浅尝者，有可吞食者，少数则须咀嚼消化。换

言之，有只须读其部分者，有只须大体涉猎者，少数则须全读，读时须全神贯注，孜孜不倦。

此处将读书比作人吃东西。“浅尝”指的是只读部分，“吞食”指的是大体涉猎，“咀嚼消化”指的是全读细读，而且是“全神贯注、孜孜不倦”。

人之才智但有滞碍，无不可读适当之书使之顺畅，一如身体百病，皆可借相宜之运动除之。

读书可以增长人的才智，如同运动可以去除身体百病。文中举出了滚球利睾肾，射箭利胸肺，漫步利肠胃，骑术利头脑；同样数学可令智力集中，读经院哲学可提高辨异能力，法律案卷可锻炼求同与阐证。

3. 文章的语言是文言文吗？

培根与莎士比亚同时代，是英国16世纪文艺复兴时期散文家、哲学家。那时所用的英语跟今天英国人所使用的英语已经有很大的差别，对于今天的英国读者来说，培根的语言可以说是半文半白了。译者王佐良先生，不仅忠实地译出原作的内容和情感，而且借助自己深厚的中文功底还原原作的语言风格与语体特征，堪称中文译本的经典代表与标杆性作品。相较于英语原文，有不同的译文版本：

原文：Studies serve for delight，for ornament，and for ability. Their chief use for delight，is in privateness and retiring；for ornament，is in discourse；and for ability，is in the judgment and disposition of business.

译文（1）：求知可以作为消遣，可以作为装演，也可以增长才干。当你孤独寂寞时，阅读可以消遣。当你高谈阔论时，知识可以供装演。当你处世行事时，正确运用知识意味着力量。（何新译）

译文（2）：学之为用有三：充娱乐、供装饰、长才干。充娱乐主要见之于退居独处之时，供装饰于谈吐之际，而长才干则于事物之判断处理。（高健译）

译文（3）：读书足以怡情，足以傅彩，足以长才。其怡情也，最见与独处幽居之时；其傅彩也，最见于高谈阔论之中；其长才也，最见于处世判事之际。（王佐良译）

译文（1）选用了白话翻译原文，表达的意思几乎相近，但是体现不出这是文艺复兴时期一位哲人的文笔。译文（2）完全选用文言风格，但有些地方过于精简和古板而略输文采；译文（3）也就是课文采用的译本，半文半白，简洁而优美，将培根语言庄重典雅、厚重凝练的特点传达了出来。

知识要点

◎ 随笔

随笔是散文的一个分支，是议论文的一个变体，兼有议论和抒情两种特性，通常篇幅短小，形式多样，作者惯常用各种修辞手法曲折传达自己的见解和情感。随笔又可分为记叙性随笔、议论性随笔、说明性随笔。随笔作为一种文学样式，是由法国散文家蒙田所创的。

学习拓展

辑　评

● 培根的语言有种优美而庄严的韵律，能给我们的感官以动人的美感；培根的论述中有种超人的智慧和哲学，能给我们的心灵以深刻的启迪。——雪莱

● 英国思想家、哲学家、实验科学的先驱者弗朗西斯·培根的一篇*Of Studies*，400年来引得世上多少读者竞折腰。数十年前读王佐良先生的译文（篇名译为《谈读书》），唯觉词清句丽，妙不可言。——卞毓麟

参考文献

①［英］培根：《培根随笔集》，曹明伦译，北京，人民文学出版社，2006。

②陈义海：《名家·名作·名译——培根的〈谈读书〉与王佐良的译文》，载《名作欣赏》，2005（19）。

教学建议

1. 选取全文中自己最喜欢的一个或几个句子结合生活经验进行解读、品析，谈谈你喜欢的原因。可以小组完成，也可独立完成。

采用常规的讲解式教学方式，分析作者的观点及论证方法，学生很难将作者的思想内化为自己的读书经验。采用体验式教学法，可以请学生们结合生活经验分析文中的句子，理解作者的观点，也鼓励学生发表自己不同的看法。

2. 比较培根的《谈读书》与马南邨的《不求甚解》，两篇短文谈的都是关于读书，它们在论述角度、写作方法等方面有哪些异同？

从论述角度而言，《谈读书》是对读书很多方面的探讨，例如，读书的目的、读书的态度、读书的方法、读书的功能等；《不求甚解》则选取一个角度，对具体读书方法进行论述。从写作方法而言，《谈读书》是先提出观点再做论述；《不求甚解》是沿着思考的路径一步步提出观点再做论述。

3. 培根在开篇说到读书的目的：读书足以怡情，足以傅彩，足以长才，在后文又分别展开论述。你是否同意培根的这一观点？

培根的随笔充满了经验与智慧，这与他所处时代特征及贵族立场分不开。从今日而言，从普通人的角度看，读书的目的除了以上三点还包括获取知识、提升自我素养，甚至可以改变命运。

整本书阅读

红星照耀中国

美国记者埃德加·斯诺是中国人民的朋友，他创作的《红星照耀中国》被译成多个版本远销全世界。《红星照耀中国》既是纪实文学的经典作品，又是今日了解早期共产党人与中国革命的重要新闻文献。本书写于1936年西安事变前夕，作者的行走路线是：北平—西安—保安—预旺—保安—西安，书中写到了毛泽东、周恩来、朱德、彭德怀等革命领袖，还有红军战士、农民、工人、知识分子。斯诺在作品中扮演了双重角色，既是事件的叙述者，又是事件的参与者。贯穿全书的又有两条线索：一条是斯诺在1936年6月至10月访问陕北延安革命根据地的过程，另一条是“红色中国”的历史、现状与未来。此书的写作与出版，不仅让全世界了解了当时的共产党人与“红色中国”，而且将斯诺与中国大地紧紧联系在一起。之后斯诺又多次来到中国，撰写了多部有关中国的作品，直到去世时仍对中国的未来念念不忘。他生前留下遗嘱：“我爱中国，我愿意我死后，把我的一部分留在那里，就像我活着时那样……”遵照斯诺的遗愿，他的一部分骨灰安葬在北京大学未名湖畔。

文本解读

1. 斯诺为什么要冒着生命危险走进延安?

斯诺冒着生命危险，穿越重重封锁，深入保安，深入根据地，深入西方媒体眼中的“土匪聚集的地方”。对于一名外国人而言，他面临的不仅是陌生的环境陌生的人群，而且还会遭到“白匪追逐”。是什么原因让斯诺冒着生命危险孤身一人来到延安写下这本书呢?

（1）原因一：作为知识分子对于中国人民苦难境遇的同情与责任。

当时，斯诺正是而立之年且在中国度过了七年的记者生涯，还曾在燕京大学担任新闻系讲师两年。1933年2月的一天，在青年作家姚克的陪同下，斯诺与鲁迅进行了一次会见，引发了他对记录中国人民苦难与向往的中国新文艺的兴趣。“作为一个富裕的、开放的和新开发的文明社会的一员，比起旧中国生计艰难的人们，我的际遇不知好了多少倍，大自然是慷慨大度的，人们只要劳动就可以得到报偿。而在有数千年人剥削人的历史的旧中国，最严酷的弱肉强食的争斗还要继续下去。”[①]斯诺来自美国，既

① ［美］埃德加·斯诺：《斯诺文集》，宋久、柯南、克雄译，12页，北京，新华出版社，1984。

不是德、意、日等法西斯国家，也不是苏联社会主义国家。作者纯粹站在人类生存民族发展的角度，将自己的优越生活与目睹的当时中国的现状作比较。面对日本的侵略、国内的战争、地主的剥削，人民的苦难何时到头？几千年的历史文明会怎样发展？古老的中华民族如何崛起？很多人面对现实的迷茫与困境不知路在何方。

“那是六月初，北京披上了春天的绿装，无数的杨柳和巍峨的松柏把紫禁城变成了一个迷人的奇境；在许多清幽的花园里，人们很难相信在金碧辉煌的宫殿的大屋顶外边，还有一个劳苦的、饥饿的、革命的和受到外国侵略的中国。”①外界对中国的西北充满了各种谣言，那里是不是中国未来的希望？带着深深的同情及知识分子的良知与责任，斯诺冒着重重危险和前途未卜的迷茫，踏上了西去的漫漫长路。

（2）原因二：身为记者对于重大时事的关切与疑问。

当时的国民党竭尽全力封锁红军胜利到达陕北的消息，制造谣言，歪曲事实真相，使得国内外很多新闻媒体上都出现了关于中国共产党的各种各样的歪曲形象与错误报道。当时，国民党对毛泽东和其他红军领袖大肆污名化，对“红色中国”所在地延安妖魔化。身为职业记者，斯诺打破了国民党的新闻封锁，让整个世界看到在贫瘠的中国西北的土地上，不屈不挠的共产党人正在为争取民主独立而进行极其艰苦的斗争。他们强烈的使命感、远

① ［美］埃德加·斯诺：《红星照耀中国》，董乐山译，7~8页，北京，人民文学出版社，2016。

见卓识和百折不挠的精神，是中华民族打败侵略者、走出困境的希望之光。斯诺的报道相当程度上改变了当时国际上对“红区”的偏见，这是了不起的新闻的力量。正如拉铁摩尔所说：“在人们政治上陷入思想苦闷的情况下，斯诺的《西行漫记》就像焰火一样，腾空而起，划破了苍茫的暮色。书中介绍了人们闻所未闻的或者只是隐隐约约有点儿感觉的情况。那本书里没有什么宣传，只有对实际情况的报道。原来还有另外一个中国啊！”①

真正关心中国命运的人、有自我判断及独立思考能力的人不会相信国民党的谣言，斯诺始终坚守记者的职业道德，希望通过自己亲身的见闻能够回答一些未获解答的问题：中国共产党人究竟是什么样的人？红军战士战斗得那么长久，那么顽强，那么勇敢，他们到底是什么样的人？毛泽东，这位南京通缉名单上的第一号“赤匪”，蒋介石悬赏二十五万银洋不论死活要缉拿到他，是怎样的人？

2. 纪实文学的真实性与倾向性

在当时的社会环境下，记者斯诺希望真实地报道在“红色中国”的所见所闻，让公众看到一个真实客观的中国苏区。在重要的历史关头，中国共产党也迫切需要向世界人民披露真相，阐述自己的路线、立场和主张，特别是团结全国各族人民抗击日本侵

① ［美］欧文·拉铁摩尔：《序》，见［美］杰克·贝尔登：《中国震撼世界》，邱应觉等译，5页，北京，北京出版社，1980。

略者的战略思想。因而，这本书是一本纪实文学，客观地记录人与事的真实情况。同时，作者选取的素材及写作的笔法在一定程度上反映了作者的倾向性。

（1）纪实文学的真实性。

从全书的第三篇至第十一篇，作者完全是一位记录者。他通过融入苏区生活、认真细心观察、面对面访谈交流等方式来获取第一手资料，始终秉持眼见为实的精神，做到客观、公正、准确地记录。斯诺认为，他所做的只是把他“和共产党同在一起这些日子所看到的、所听到的而且所学习的一切，作一番公平的、客观的无党派之间的报告。”[①]每当人们对《红星照耀中国》称赞时，他总是诚恳地说：“你们才是这本书的真正作者，你们是创造历史的主人，我只是个记录员而已。”因而真实性是本书的一大特点，主要通过以下方面来体现：

①作者亲眼观察。

> 毛泽东和他的夫人住在两间窑洞里，四壁简陋，空无所有，只挂了一些地图。……毛氏夫妇的主要奢侈品是一顶蚊帐。除此之外，毛泽东的生活和红军一般战士没有什么两样。[②]

---

① ［美］埃德加·斯诺：《一九三八年中译本作者序》，见《红星照耀中国》，董乐山译，7~8页，北京，人民文学出版社，2016。

② ［美］埃德加·斯诺：《红星照耀中国》，董乐山译，60页，北京，人民文学出版社，2016。

毛泽东的伙食也同每个人一样，但因为是湖南人，他有着南方人“爱辣”的癖好。他甚至用辣椒夹着馒头吃。除了这种癖好之外，他对于吃的东西就很随便。①

以上文字出自《苏维埃掌权人物》这一节，斯诺通过近距离观察，记录下来他眼中的毛泽东，包括饮食起居、个人特点、日常工作。像引文中对于毛泽东夫妇居住窑洞还有饮食习惯的观察，非常注意细节，也突出了人物的特点。阅读的过程中，每位读者仿佛通过作者的一双眼睛无时不在地观察和打量着他笔下的每一个人。

②采访对象的口述。

书中内容除了作者亲眼观察，还随时插入采访对象的口述，行文都是采用了双引号，充分说明这是引用第一手材料。例如，在《论抗日战争》一节，毛泽东同志接受斯诺采访，全文分别标注出了斯诺的“问”与毛泽东的“答”。斯诺的问题有：如果日本被打败了而且被逐出了中国，你是不是以为“外国帝国主义”这个大问题总的来说也就此解决了呢？你认为在什么条件下，中国人民才能够消耗和打败日本的军队？你认为这样的战争要打多久？你对这样一场战争在军事上和政治上的可能发展趋势有怎么样的看法？等等。斯诺思维敏捷问题尖锐，毛泽东思考深入有问必答，真实的采访记录让每一位读者身临其境，再现历史的重要

① ［美］埃德加·斯诺：《红星照耀中国》，董乐山译，61页，北京，人民文学出版社，2016。

镜头。斯蒂尔曾评论说，正如《大地》使美国人第一次真正认识普通中国人一样，《红星照耀中国》使西方人第一次真正认识到了中国共产党人的生活。[①]

③对数据及政府文件的直接引用。

> 长征的统计数字是触目惊心的。……路上一共三百六十八天，有二百三十五天用在白天行军上，十八天用在夜间行军上。剩下来的一百天——其中有许多天打遭遇战——有五十六天在四川西北，因此总长五千英里的路上只休息了四十四天，平均每走一百一十四英里休息一次。平均每天行军七十一华里，即近二十四英里……[②]

全书第五篇《长征》首次向外界公开红军的历史性战略转移，堪称军事史上的奇迹。作者引用红军一军团编写的《长征记》中的一组真实数据，用数据说话更具有真实性和说服力。

此外，苏区的经济发展与社会建设是怎样的呢？除了作者的所见所闻，书中还直接引用当时共产党的若干文件材料：

> 一九三六年一月二十八日陕西瓦窑堡“土地委员会的指

① A. T. Steele: *The American People and China*. New York, McGraw-Hill Book Co., 1966, p.19.

② ［美］埃德加·斯诺：《红星照耀中国》，董乐山译，201页，北京，人民文学出版社，2016。

示”：要动员妇女、儿童、老人参加春播春耕，各人按其能力在劳动生产过程中担任主要的或辅助的工作。

一九三六年七月保安重印的《中华苏维埃共和国婚姻法》规定：禁止婆婆虐待媳妇、买卖妻妾，以及“包办婚姻”的习惯。婚姻必须取得双方同意，婚龄提高到男子二十岁，女子十八岁，禁止彩礼，到县、市、村苏维埃登记结婚的，发给一份结婚证书，不取任何费用。

一九三五年十一月陕西瓦窑堡国民经济部制定的《合作社发展规划》规定：制止商人对群众的剥削；克服敌人的封锁；发展苏区国民经济；提高群众经济政治水平；为社会主义建设准备条件。

（2）纪实文学的倾向性。

纪实文学以真人真事为主体内容，即使有虚构也有一定的限制。但是，对于素材的选择、表现的方法，甚至是文中穿插的评论无不体现出作者的倾向性。

①对素材的选择。

例如，书中《彭德怀印象》一节，作者除了常用的亲身观察，还特意写了两件小事。一件是彭德怀司令员与一位少先队员关于“日本人大鼻子”的有趣对话；另一件是作者与彭德怀一同观看抗日剧团的演出，天黑之后寒意袭来，作者发现彭德怀将自己的棉衣披在他身旁的小号手身上。书中《政治课》一节，作者去旁听战士们的政治课，却临时起意向战士们提出了一个很重要的问题：红军在哪个方面比中国其他军队好？这个问题有十二个人立即站起来回答。还有一个问题：怎么知道农民是真的爱红军呢？作者很快记下了十七个不同的答复。通过这样有代表性事例，就是在向读者强烈地表达共产党的领导人是什么样、中国红军是什么样、中国百姓与红军的感情是什么样。有了这样真实而又深入的了解，作者没有办法不热爱那片热情、奋进、充满希冀的热土。

②作者的主观评价。

在事实面前，作者总会忍不住发表自己的看法。对于国民党扭曲宣传的"共产党大撤退"，作者却看到了长征的战略意义与重要价值，在文中说道：

> 共产党人认为，而且显然也这么相信，他们是在向抗日前线进军，而这是一个非常重要的心理因素。这帮助他们把原来可能是军心涣散的溃退变成一场精神抖擞的胜利进军。……这种宣传上的巧妙手法必须看成是杰出的政治战略。……在某种意义上来说，这次大规模的转移是历史上最盛大的武装巡回宣传。[①]

这是作者发表的对于长征的公允的评价。对于身边众多的红军战士，作者这样评价：

① ［美］埃德加·斯诺：《红星照耀中国》，董乐山译，165页，北京，人民文学出版社，2016。

就我所能看到或知道的，红军都以尊重的态度对待农村妇女和姑娘，农民对红军的道德似乎都有很好的评价。……红军很少有人吸烟喝酒；烟酒不沾是红军“八项注意”之一……①

“长征”的性质是什么？“红军战士”怎么样？不明真相的外界疑问重重。基于事实，作者鲜明地提出了自己的看法，字里行间，透露着对于红军的敬佩，对于中国西北一角苏区未来发展前景的信心。其实从决定前往延安，到最后斯诺重返白区，其内心发生了很大的变化。这其中不只有作者对于中国共产党和中国红军去除妖魔化后看到真相本源，还有通过身边的人和事促使作者世界观发生的变化。如书中最后写道：“到后来，我也接受了一种普遍的观点：现今的历史乃是人类在通往世界大同的道路上的最后的疯狂的即兴作品，只有世界大同，文明方能开始。”②正是这种朴素的思想，促使斯诺到达陕北并看到了代表时代主流的进步力量。

3. 叙事特点分析

斯诺深入陕北长达四个月，书中叙述的内容既有亲眼所见的

---

① ［美］埃德加·斯诺：《红星照耀中国》，董乐山译，215页，北京，人民文学出版社，2016。

② ［美］埃德加·斯诺：《斯诺文集》，宋久、柯南、克雄译，166页，北京，新华出版社，1984。

人和事，又有访谈听到的人和事，也有作者沿途收集的各种文件资料。书籍出版后产生非常好的新闻效果，带动了一批国内外仁人志士来到陕北“红色中国”。全书究竟有什么样的叙事特点？以下从叙事结构与叙事视角两个方面来讨论。

（1）叙事结构：正面记叙与侧面衬托。

叙事作品的结构是指“作品中各个成分或单元之间关系的整体形态。”[①]书中对于人物或事件的记录并非平铺直叙，往往在作者正面详细记叙的同时加入侧面衬托。这样不仅翔实地介绍了记录对象，而且在正面与侧面共同营造的效果中表达了作者的情感倾向。

第五篇《长征》作者重点写了四个典型事件：第五次围剿、举国大迁移、大渡河英雄、过大草地。如同四颗珍珠一般按照时间顺序串起了中国共产党领导长征的光辉历史，表现了红军长征不怕任何艰难险阻、不惜付出一切牺牲的精神。例如，《大渡河英雄》一节，作者正面记叙了红军强渡大渡河的全过程。首先是刘伯承率领红军先锋部队顺利通过云贵土著民族苗族和掸族的地区；其次是大部队抵达河边做出进发泸定桥的决议；最后是由三十个不到二十五岁的年轻战士组成敢死队冲锋在前，在大部队的掩护之下打败对岸的四川军队，红军顺利进入四川境内。在正面叙述的前后，都有作者精心安排的侧面描写。对于大渡河之艰险，作者写了中国历史上失败的例子，如三国的英豪，太平天国

① 童庆炳主编：《文学理论教程》，242页，北京，高等教育出版社，1992。

的残部翼王石达开的十万大军。国民党相信“红军在这里必然覆灭无疑”，可是红军战士用不怕牺牲的精神获得了大渡河战役的胜利。红军战士如天神相助，个个不怕牺牲、英勇无敌，同时作者也侧面描写了白军。“他们自己的斗志受到了影响；也许他们故意开乱枪不想打死他们；也许有些人暗中祈祷对方冒险成功！”[①]“白军已经仓皇后撤”“没有多久白军就全部窜逃”。

（2）叙事视角：作者叙述与人物叙述。

“视角是作品中对故事内容进行观察和讲述的角度，根据叙述者观察故事中情境的立场聚焦点而区分。”[②]传统的叙事视角一般根据叙述人称来划分，第一人称叙述是叙述者作为故事中的人物从内在角度讲故事，第三人称叙述是叙述者以旁观者的口吻从外部角度讲故事。不同的人称叙述，形成的表达效果是不同的。《红星照耀中国》中作者的记录部分属第三人称叙述，不带任何偏见和立场，保持客观；而对他人话的引用属第一人称叙述，还原采访对象的原话，显得真实可信。

全书作者对于陕北“红色中国”的叙述，多是采用作者叙述并加入人物自己叙述。例如，《红军剧社》一节，前半部分是作者对于演出的节目、观众的反应等客观叙述，后半部分则是作者访问剧社社长危拱之女士。《政治课》一节，作者在政治部战士刘晓

① ［美］埃德加·斯诺：《红星照耀中国》，董乐山译，159页，北京，人民文学出版社，2016。

② 童庆炳主编：《文学理论教程》，249~250页，北京，高等教育出版社，1992。

的陪同下参观上政治课，客观记叙了政治课的内容和战士们的讨论。后半部分在作者的提问之下，也加入了战士们的自我叙述。全书最为独特一部分则是第四篇《一个共产党员的由来》，包括《童年》《在长沙的日子》《革命的前奏》《国民革命时期》《苏维埃运动》《红军的成长》，从题目看来这部分内容相当于毛泽东同志的个人传记。不同于前面斯诺近距离的个人观察，也不是面对记者的专题访谈。从写作视角来看，依然分为作者叙述与人物叙述，不过这一篇毛泽东的个人叙述占了大部分内容。书中也交代了这一过程，毛泽东凭记忆叙述，吴亮平同志在旁边把毛泽东的南方方言译成英语，作者记录。因而，读者会发现叙述视角来回切换，作者也能随时加入自己的看法和评价。在本篇最后一节《红军的成长》中作者观察到：

> 毛泽东的叙述，已经开始脱离“个人历史”的范畴，有点不着痕迹地升华为一个伟大运动的事业了，虽然他在这个运动中处于支配地位，但是你看不清他作为个人的存在。所叙述的不再是“我”，而是“我们”了；不再是毛泽东，而是红军了；不再是个人经历的主观印象，而是一个关心人类集体命运的盛衰的旁观者的客观史料记载了。①

由于毛泽东的领袖身份和其不平凡的经历，已经将自己的经

① ［美］埃德加·斯诺：《红星照耀中国》，董乐山译，135页，北京，人民文学出版社，2016。

历与伟大运动的事业紧密结合。可以说这一部分既是毛泽东的个人传记，也是千万个共产党员的由来，体现了共产党早期的成长史与革命史。

4. 文化符号举隅

斯诺出生于美国，是一位美国记者。他于1928年来到中国，曾任欧美几家报社驻华记者。1933年4月到1935年6月，斯诺同时兼任北平燕京大学新闻系讲师。在1936年斯诺来到陕甘宁边区之前，是一位有着八年驻华经历的外国记者，对于中国的历史与现状有一定的了解。作者虽然是美国人，却是公开报道“红色中国”的第一人，其双重身份使得本书带有与众不同的特点。读者可以在书中读到作者对于中国的地理环境、历史事件甚至是文化民俗的描写，无不赞叹斯诺是一位“中国通”；同时，本书是以英文撰写世界发行，它的读者对象主要是西方人。因而，作者巧妙地将西方文化符号嵌入文本之中，让西方读者在熟悉的参照物之下阅读甚至理解中国革命，作者的倾向性也蕴含其中。

有研究者指出，“斯诺的非凡成就固然与其英文母语和中西文化背景有关，但其强烈的读者意识同样功不可没，而在译创过程中意义的选择则是读者意识的充分体现。”[①]作者译创过程中生成的语言意义有三个方面：言内意义、指称意义、语用意义，文化

① 陈勇、胡步芬：《社会符号学视角下〈红星照耀中国〉的译创解读》，载《东华理工大学学报（社会科学版）》，2015，34（04）。

符号的选用充分体现了语言意义的三个方面。

作者初见毛泽东留下这样的印象：他是个面容消瘦、看上去很像林肯的人物。林肯，西方人应该非常熟悉，他是美国政治家、战略家、第16任总统。他在任期间主导废除了美国黑人奴隶制。在美国爆发南北战争期间，林肯坚决反对国家分裂，击败了南方分离势力。对于西方人而言，林肯是一位为国家和民族做出巨大贡献的伟大领袖。这样的类比，无疑能让异域读者对毛泽东形成一个“伟人”的印象。与此类同，作者写到刘志丹时说“刘志丹是个现代侠盗罗宾汉，对有钱人怀有山区人民的一贯仇恨。”将红军英勇的二万五千里长征与西方历史上的“汉尼拔远征”比较，“与此相比，汉尼拔经过阿尔卑斯山的行军看上去像一场假日远足。”此处列举的作者引用的“林肯”“罗宾汉”“汉尼拔远征”的文化符号，类比书中作者记录的毛泽东、刘志丹、红军长征。作者敏锐地抓住二者之间相似的特征，为不同文化的理解搭建桥梁，而这些文化符号本身具有的意义很好地影响了欧美读者的联想意义，达到了预期的宣传效果。

知识要点

◎ 纪实文学

纪实文学是借助个人亲历、采访等或使用历史文献（日记、书信、档案、新闻报道等），以非虚构方式反映现实生活或历史中的真实人物与真实事件的文学作品，包括报告文学、历史纪实、回忆录、传记等多种文体。

◎ 保安

保安隶属于陕西省延安市，位于陕西北部黄土高原丘陵沟壑区。1936年6月，为纪念“群众领袖、民族英雄”刘志丹将军而更名为志丹县。1936年7月，中华苏维埃中央人民政府奠都在此，临时首都称为“保安”。党中央、毛主席在此战斗生活了6个多月，被誉为中国革命的“红都”。

◎《西行漫记》

《红星照耀中国》被翻译成20多种语言流传到全世界。它的第一个中文版诞生在1938年的上海租界，出版后立即被国民党封禁。1938年2月，在当时的“孤岛”上海，胡愈之先生以“复社”名义，秘密组织翻译出版这部作品。考虑到当时动荡的政治环境，书名没有按照英文版书名直译，而是取名为《西行漫记》。

学习拓展

辑　评

● 《红星照耀中国》经受住了时间的考验，它不仅是一份历史记录，而且阐明了时代的发展趋势。它之所以重要，不仅在于它第一次报告了毛泽东及其同事们的连贯生平，而且为一个在当时看来是前途未卜、凶多吉少、不为人知的运动，预见了光明的前景。——美国历史学家、国际汉学泰斗费正清

● 第一个公布长征真相的西方人是与毛泽东谈过话的年轻美国记者埃德加·斯诺，他在《红星照耀中国》里的经典性叙述，至今仍是有关长征资料的一个重要来源。——美国作家迈克尔·沙勒

● 《红星照耀中国》改变了美国乃至世界报告文学的写作标准，树立了非虚构写作的光辉典范。——美国作家哈里森·索尔兹伯里

参考文献

①［美］埃德加·斯诺：《红星照耀中国》，董乐山译，北京，人民文学出版社，2016。

②陈勇、胡步芬：《社会符号学视角下〈红星照耀中国〉的译创解读》，载《东华理工大学学报（社会科学版）》，2015，34（04）。

教学建议

1. 《红星照耀中国》这本书有大量的采访对话，学生分小组可选择喜欢的片段分角色模拟采访现场，体会作者和被采访者的内心情感。

2. 自选书中的一个人物，按照时间的顺序梳理领袖人物或红军将领的革命之路。书中写到的毛泽东、周恩来、朱德、彭德怀、徐海东等，都可以依据书中内容单独整理人物传记。

3. “长征”是本书的重要一篇，请结合中国历史的学习分析长征的起因、行走路线、主要困难、重大意义及历史价值。

4. 本书让读者近距离了解历史中的共产党人和长征这一重大历史事件，请结合你的阅读感受谈谈“中国共产党人的革命信仰”或“青少年如何传承长征精神”。

中国共产党人的革命信仰是马克思主义。这种信仰内化于心、外化于行，一直以来都在鞭策着中国共产党人弘扬奋斗精神，彰显一往无前、势不可挡的初心力量。在革命岁月、建设年代及改革时期，这种矢志不移的初心力量都是团结中国共产党人接续奋斗的精神基因。

2021年9月，党中央批准了中央宣传部梳理的第一批纳入中国共产党人精神谱系的伟大精神，长征精神被纳入。伟大长征精神，就是把全国人民和中华民族的根本利益看得高于一切，坚定革命的理想和信念，坚信正义事业必然胜利的精神；就是为了救国救民，不怕任何艰难险阻，不惜付出一切牺牲的精神；就是坚持独立自主、实事求是，一切从实际出发的精神；就是顾全大局、严守纪律、紧密团结的精神；就是紧紧依靠人民群众，同人民群众生死相依、患难与共、艰苦奋斗的精神。

延安早期革命根据地及红军长征这一伟大事件，发生在特殊的战争年代，与今天的和平时代有所不同。但是，“中国共产党人的革命信仰”和“伟大的长征精神”在新时期表现出独有的生命力与时代性，需要不断学习、代代流传。

钢铁是怎样炼成的

在整个苏联历史上，《钢铁是怎样炼成的》是最受欢迎的一部长篇小说。据统计从书籍问世起，就创下了用六十一种文字印刷三千余万册的纪录。在中国出版的所有外国文学作品中，《钢铁是怎样炼成的》是印数最多、发行量最大的。[1]全书分为两部，描写了保尔·柯察金从一个贫苦少年成长为无产阶级革命战士的故事，也展现了从1915年到1930年期间，苏俄从第一次世界大战到十月革命再到内战及国民经济复苏时期广阔的历史画面，是“红色经典”的重要代表。

《钢铁是怎样炼成的》的作者是尼古拉·阿列克谢耶维奇·奥斯特洛夫斯基，他是苏联著名的无产阶级革命家、作家和布尔什维克战士。奥斯特洛夫斯基出生于一个乌克兰的工人家庭，家境贫寒。他的生活经历充满了艰辛和挑战，11岁便开始当

① 吴俊忠：《关于〈钢铁是怎样炼成的〉的讨论：我们是否还需要“保尔精神”？》，载《俄罗斯文艺》，2000（03）。

童工，15岁时他上战场，16岁在战斗中不幸身受重伤，23岁时全身瘫痪，24岁时双目失明。尽管面临重重困难，他仍然以坚定的意志和无比的毅力，历时三年，创作了这部不朽的杰作《钢铁是怎样炼成的》。不幸的是，奥斯特洛夫斯基在1936年去世，年仅32岁，但他的精神和作品将永远留在人们的心中，激励着人们不断前行。有人认为，《钢铁是怎样炼成的》可以视作奥斯特洛夫斯基的自传体小说。

文本解读

1. 保尔人物形象有什么性格特征?

本书的历史背景是1915—1933年乌克兰的动荡时期，其中又以主人公保尔生病前的1915—1924年的生活经历为主。保尔的性格特征非常鲜明，而且从小说开始一直延续到结尾。保尔勤劳、勇敢、倔强，具有强烈的反抗压迫的精神和坚强的意志，能够忍受肉体和精神上的痛苦；同时他也偏狭，缺乏深刻的思考，没有个体自觉的生活目标。有研究者认为，保尔·柯察金只是20世纪30年代苏联官方文学理论的一种演绎。

（1）在不同时期保尔反抗精神与坚强意志的体现。

保尔出生于1903年，是俄国沙皇统治的末期和资本主义发展的初期。他的童年生活艰苦，反映了当时社会底层人民恶劣的生存环境。在保尔的青年时期，即1915年至1920年间，俄国经历了二月革命、十月革命和国内战争等重大历史事件。保尔因不满教会对穷人的压迫而反抗，被学校开除，这体现了当时社会的不满和反抗情绪。他在劳动生涯初期遭受欺凌和不公平待遇，但在发电厂找到了学徒的工作，并接触到了布尔什维克党员朱赫来，受到思想启蒙和革命熏陶。这一时期，保尔积极参与了共青团的活动和十月革命的斗争，展现了青年一代的热血和激情。在国内战争期间，保尔参加了红军，投入了保卫新生苏维埃政权的战争。他英勇作战，屡立战功，但也身负重伤。战争结束后，他因伤病严重而面临截肢的危险，但他依然坚强地挺过了难关。伤愈后，保尔投身于铁路建设和党组织工作，但由于过度劳累和疾病，他的健康状况持续恶化。然而，他并没有放弃，而是决定开始文学创作。在文学领域，他不断努力学习和创作，最终成功出版了自己的作品《暴风雨所诞生的》。保尔的一生，坚强勇敢、反抗压迫，将自己完全奉献于党和国家，是无产阶级革命战士的杰出代表，也鼓励了无数普通的青年勇敢地追求自己的理想。

（2）保尔简单、盲从、偏执的性格缺点。

保尔顽强的意志、不屈的精神固然可贵，但他也有简单、盲从、偏执的性格缺点。由于对于革命事业的狂热，他似乎完全失掉了对生活的正常感知能力。他瞧不起普通人，仇恨“敌人”，鄙夷女友冬妮亚，对自己出生的小镇也没有感情，感到“一种莫可名状的压抑感”。除了投入革命、参加社会主义建设，书中也展现了保尔作为普通人的内心情感，给读者留下深刻印象的是保尔的第一位女友冬妮亚。保尔和冬妮亚之间的冲突主要是源于他们的家庭背景和价值观的不同。保尔出身于无产阶级家庭，他强调的是朴实、务实和集体主义精神。而冬妮亚则出身于资产阶级家庭，她更注重个人的舒适和享受，以及个人的自由和独立。书中有这样一段话，反映了保尔的内心立场：

> 保尔是在贫穷和饥饿中长大的，他对每一个他认为是有钱的人，都十分仇视。因此，他对眼下这种感情怀着戒备和疑惧。他知道冬妮亚跟石匠的女儿嘉莉娜完全不同，不能把她当作自己人，当作一个普通的、能够理解他的人来看待。所以他对冬妮亚抱着不信任的态度。只要这个漂亮的和受过教育的姑娘对他这个伙夫有一点儿嘲弄和污蔑的举动，他就准备给以断然的反击。①

保尔及他的同志们不能容忍冬妮亚的优雅和美丽，共青团书记潘克拉托夫拉长声音说：“她的样子完全不像我们的人，很像资产阶级。怎么能让她到这儿来？”保尔也明白，按照“阶级斗争”的绝对原则和“爱憎分明”的政治律令，他们的感情破裂是不可避免的。这种价值观的差异在舞会上得到了体现。保尔希望

① ［苏联］尼·奥斯特洛夫斯基：《钢铁是怎样炼成的》，梅益译，62页，北京，人民文学出版社，1995。

冬妮亚能够穿得更加朴实一些，以符合无产阶级的审美观念。然而，冬妮亚却选择了自己最华丽的衣服，这使得保尔感到不满和失望。保尔的同志们也对冬妮亚的华丽打扮投以异样的眼光，让保尔觉得非常没面子。

保尔和冬妮亚之间的冲突反映了当时社会的阶级矛盾和冲突。在那个时代，无产阶级和资产阶级之间的矛盾和冲突非常激烈，这种矛盾和冲突也反映在了他们的个人关系上。保尔和冬妮亚之间的阶级差异和思想上的分歧，最终导致了他们之间的爱情的破裂。保尔的错误并不在于他对待冬妮亚的态度，而在于他试图将自己的无产阶级价值观强加给冬妮亚，而没有尊重和理解她的个人选择和价值观。并且，他将阶级斗争与政治律令僵化地运用于个人感情上，没有自己独立的思考与判断。可见，保尔不是一个思想和人格成熟的人，他渴望成就一番事业，但认识不到人格独立和精神自由的可靠方向。

人的精神成长又需经过两个阶段，即先是主体意识的觉醒，后是个体意识的觉醒，并且只有个体意识的觉醒，才能使人真正走向自由。[①]《钢铁是怎样炼成的》的确体现了主人公保尔作为主体的觉醒，表现了人对精神价值的追求，但保尔在追求自由的同时不是逐渐完善个体人格，而是逐渐地放弃了自己的个体人格，使自己消融于集体之中。因而，现今的各国读者能够理性认识到，本书所反映的精神世界，以及人物形象所具备的精神价值都

① 张中锋：《试论〈钢铁是怎样炼成的〉精神价值》，载《济南大学学报（社会科学版）》，2002（01）。

是具有局限性的。

2. 怎样理解"保尔精神"？

"保尔精神"是保尔这一文学人物所体现的一种具有象征意义的精神，从总体而言，体现了先进文化的精神内涵，但它确实是多层面的，不同层面的文化功能都具有相应的时代性特征。[①]"保尔精神"不仅是小说人物鲜明的个性特征，而且也体现了革命青年的共性特征；"保尔精神"反映了作者所处时代的历史印迹，其中的优良品质也值得今天的青少年学习。

总体而言，"保尔精神"可以理解为以下几个方面：首先，保尔精神是一种顽强拼搏、不屈不挠的精神。保尔经历了许多磨难和挫折，但他从未放弃过自己的信仰和追求。他在战斗中身负重伤，但仍然坚持工作，最终成了一名优秀的革命战士。这种顽强拼搏、不屈不挠的精神，是保尔精神的核心。其次，"保尔精神"是一种自我献身、无私奉献的精神。保尔为了革命事业，不惜牺牲自己的个人利益，甚至是生命。他把自己的青春和热血献给了党和人民，为人民的幸福而努力奋斗。这种自我献身、无私奉献的精神，是保尔精神的重要组成部分。再次，"保尔精神"是一种勇于担当、敢于负责的精神。保尔在小说中不仅仅是一名优秀的战士，还是一名优秀的共产党员。他始终牢记自己的党员身份，勇于担当责任，敢于面对困难和挑战。

---

① 吴俊忠：《关于〈钢铁是怎样炼成的〉的讨论：我们是否还需要"保尔精神"？》，载《俄罗斯文艺》，2000（03）。

“保尔精神”是多层面的、具有象征意义的。作为革命战争年代特殊要求的精神层面，在今天的和平年代已呈现出历史性特征。但那些关于生命意义、人生态度、人生追求的精神层面，在今天的时代发展中仍然具有非常迫切的现实意义，对于青少年的健康成长与精神培育有着举足轻重的教育意义。保尔那一段阐述人生意义的格言所提出的“人的一生应当怎样度过”的问题，能够启迪青少年关注、思考人生问题，向优秀人物学习形成正确的三观。因而，学习“保尔精神”要尊重历史、切合实际，在文化语境与时代需求之下批判性地选择。今天我们需要认同和弘扬的是作为先进文化体现的“保尔精神”，是有利于塑造高尚人格的“保尔精神”，是有利于培养社会主义合格接班人的“保尔精神”。对于书中所反映的苏联的左倾政策，以及片面强调人的革命性和阶级性而否定人的正当需求的内容，则应认识到其片面性果断抛弃。

3. 书信和日记在小说中起到什么作用?

全书除了作者的叙述，还有大量的书信和日记，从第一人称的视角进入到人物内心世界，在小说叙述中也起到了不同的作用。

（1）首先，书信和日记是小说中塑造人物形象的重要手段。

作者通过书信和日记，展现了主人公保尔·柯察金和其他角色的内心世界、思想变化和情感纠葛。有的是表白自己的内心活动，有的是从“他人”视角展现主要人物，例如：

柯察金额头上的伤口看上去好多了。换药时，他表现出来的令人难以置信的、极大的忍受力真让我们这些医生感到吃惊。

通常在换药时，伤病员都会哼哼几声，发发小脾气，柯察金却一声不吭。在给他的伤口抹碘酒的时候，他把身体绷得像琴弦一样笔直，常常疼得失去知觉，但自始至终没有哼过一声。

……他为什么能够如此顽强？我真不明白。[①]

这是保尔受伤住院时，部队诊所的医生尼娜记录的简短日记。根据亲眼所见，通过医生的眼睛写出了保尔在疾病与伤痛面前超人般的忍耐力，表现了保尔顽强英勇的精神品质。

（2）其次，书信和日记推动了小说情节的发展。

在小说中，保尔通过书信与冬妮亚、丽达等人保持联系，交流彼此的思想和情感，还为后续的情节发展埋下了伏笔，其他人物的日记也起到同样的作用，例如，书中多次直接引用丽达的日记，从中可以看到保尔的消息：

八月十一日保尔还想学习，但有时我没有时间，有时他又到外地出差。由于铁路上局势越来越紧张，他们那里经常

① ［苏联］尼·奥斯特洛夫斯基：《钢铁是怎样炼成的》，曹缦西、王志棣译，159页，南京，译林出版社，2010。

处于一种动员状态。

八月二十三日今天我经过走廊时，看到潘克拉托夫、柯察金和一个陌生人站在总服务处门口。我走进去，听见保尔在说……接着我就听见了一声不堪入耳的脏话。潘克拉托夫看见我，马上推了推保尔。保尔转过身来，看见是我，脸都发白了。

八月二十七日举行了一次常委会的内部会议。局势日益复杂化。暂时我还不能把全部情况记下来，因为不准许。……我在等柯察金。我见过他——他和扎尔基正在组织五人公社。①

虽然没有直接叙述，但是通过丽达的笔记可以看到这一时期保尔的动向。特别是最后提到的“五人公社”，开启了后文对于在索洛缅卡由五名铁路工人组成的“五人公社”的重点讲述。在整个公社中，成员们之间相互支持、相互鼓励，共同面对困难和挑战。他们不仅在物质上互相帮助，而且在精神上相互扶持，共同坚定了革命信仰。

（3）最后，书信和日记还传达了小说的主题和价值观。

作者通过书信和日记，向读者展示了保尔等人在艰苦的革命斗争中所表现出的坚定信仰、高尚品质和无私奉献精神。这些书信和日记不仅激发了读者的共鸣和感动，而且传递了积极

① ［苏联］尼·奥斯特洛夫斯基：《钢铁是怎样炼成的》，曹缦西、王志棣译，178～179页，南京，译林出版社，2010。

向上的价值观和人生观。例如，保尔病重期间，他在给哥哥的信中写道：

> 我已不再出门，只能从窗子里望见大海的一角。当一个人的肉体背叛了他，不再听他使唤，但他那颗布尔什维克的心、布尔什维克的意志却仍然渴望劳动，渴望和你们在一起，加入正在全线进攻的大军，走上展开滚滚铁流般巨大攻势的战场，世上还有比这更可怕的悲剧吗？
>
> 不过，我仍然相信，我能归队，在冲锋陷阵的队伍里还会出现我的刺刀。①

保尔·柯察金的哥哥，是火车司机、钳工，市苏维埃主席。他具有工人阶级的高贵品质，也最为关心弟弟保尔的成长。保尔时常在与哥哥的信中吐露自己的心声，作者也是通过这一方式向读者传达小说的主题和价值观。虽然在病重期间，面临瘫痪的风险，保尔依然坚持学习，顽强地与病魔做斗争，并且时时刻刻牢记自己是一名布尔什维克战士。

4. 小说中有哪些不同的环境描写？

《钢铁是怎样炼成的》中的环境描写丰富多样，反映了不同

① ［苏联］尼·奥斯特洛夫斯基：《钢铁是怎样炼成的》，曹缦西、王志棣译，348～349页，南京，译林出版社，2010。

的场景和氛围。书中的自然景物描写相对比较简洁，勾勒出了故事发生的自然场景，例如，第三章保尔和冬妮亚初次见面的那个花园：

仍然是一排排修剪整齐的马林果灌木丛；仍然是按几何图形排列的小径，小径上种着妈妈喜爱的蝴蝶花；花园里清清爽爽，整整齐齐，处处显示出造诣颇深的园艺师那学究式的风格。①

虽然花园美丽，但是冬妮亚认为缺乏情趣、缺乏变化，这也表明了忽然出现的与众不同的保尔，给冬妮亚留下了深刻印象。此外，小说还描绘了一些城市和乡村的景象，如僻静的老砖厂，蜿蜒起伏的山脉，城郊的白色小屋，以及小城笼罩在破晓前的灰雾里等。这些描绘不仅展示了当时的社会环境，而且反映了人物的生活背景和心理状态。在第二部中，因为小说情节的发展作者细致地描绘了工业场景，表现了那个时代火热的经济建设：

清晨，一列装甲车轰隆轰隆地驶过岔道口，开进车站，喷放出一团团白色的蒸汽，好似蓬蓬松松的天鹅绒毛，徐徐上升，即刻又消失在清新、寒冷的空气之中。从装甲车上下来了几个穿皮衣的人。几小时之后，三名工兵爆破手已在斜

① ［苏联］尼·奥斯特洛夫斯基：《钢铁是怎样炼成的》，曹缦西、王志棣译，32页，南京，译林出版社，2010。

坡上深深地埋入两个深蓝色、像南瓜般的东西，从上面引出两根长长的导火线。放了几发信号枪之后，人们急忙四散开来，离开这危险的山坡。①

显然，这是工地爆破手工作的场景，他们利用炸药将山丘夷为平地。包括保尔在内的年轻的工人，不但工作艰苦，有时还有各种危险。但是，大家没有一个人偷懒抱怨，反而是争先恐后地展开了工作比赛。总的来说，《钢铁是怎样炼成的》中的环境描写既丰富多样，又富有深刻意义，为小说增添了艺术魅力。

知识要点

◎ 保尔精神

保尔精神可以概括为奋斗精神、圣徒式的自我牺牲精神、集体主义精神和乐观主义精神。②

① ［苏联］尼·奥斯特洛夫斯基：《钢铁是怎样炼成的》，曹缦西、王志棣译，211页，南京，译林出版社，2010。

② 柏英：《从文化符号学角度看〈钢铁是怎样炼成的〉之争》，载《解放军外国语学院学报》，2005（05）。

◎《牛虻》

《牛虻》是爱尔兰女作家艾捷尔·丽莲·伏尼契于1897年出版的一部长篇小说。小说通过主人公亚瑟的成长经历，反映了19世纪30年代意大利革命者反对奥地利统治者、争取国家独立统一的斗争，展示了革命者的献身精神和坚定信念。这部小说对于理解19世纪意大利的历史和社会也具有重要的参考价值。

◎ 红色经典

红色经典指那些产生于特殊的年代，主要以描写革命历史和英雄人物为主的文学作品，真实地展现了当时的时代精神和社会面貌，并产生了巨大的影响。红色经典在不同时期有不同的阅读价值，作为特定历史时期的精神路标，其厚重感与担当意识在现今社会仍然富有生命力。

学习拓展

辑 评

● 整个苏联文学中暂时还没有如此纯洁感人，如此富有生命力的形象，肖洛霍夫说它是“生活的教科书”。但在一些西方学者眼中它只是“斯大林的宣传机构炮制的神话”，马克·斯洛宁说它“文笔平淡，结构松散”，列·费·叶尔绍夫说它“简洁明快，几乎只用动词”。——苏联作家法捷耶夫

● 俗话说，猫有九条命。文学作品也应该有几种魂魄。《钢铁是怎样炼成的》至少有三种吧：第一种，革命者的革命信念和革命行动。第二种，情爱，这是永恒的，不会消失的。……当年，我不仅抄录了“人最宝贵的是生命……”这一段，同时还抄录了丽达与保尔重逢又匆匆分别后写给保尔信中的那一段：“我对生活的看法并不太拘泥……”丽达对感情问题的处理对今天的人们也仍然有启迪意义。第三种，与苦难和厄运抗争，战胜生命。这点更没有过时。——梁晓声

● 这本书在我的成长过程中有很大的影响，书中浓郁的英雄

主义、理想主义、献身主义在相当长的时间里成为我精神生活最重要的支柱。——张洁，《一本书，两国事，三代人》

参考文献

①［苏联］尼·奥斯特洛夫斯基：《钢铁是怎样炼成的》，梅益译，北京，人民文学出版社，1995。

②［苏联］尼·奥斯特洛夫斯基：《钢铁是怎样炼成的》，曹缦西、王志棣译，南京，译林出版社，2010。

③张中锋：《试论〈钢铁是怎样炼成的〉精神价值》，载《济南大学学报（社会科学版）》，2002（01）。

教学建议

1. 请按照参加革命前、参加革命时、不能革命后三个阶段梳理保尔的人生经历。

2. 除了主要人物保尔·柯察金，小说中塑造了很多人物形象，如冬妮亚、朱赫来、阿尔焦姆、丽达等。请选择一个人物，具体分析对于保尔精神成长的影响。

3. 结合小说的具体内容，谈一谈如何理解《钢铁是怎样炼成的》题目的含义？

书名中的“钢铁”是一个象征性的比喻，代表着无产阶级的英雄人物，如保尔一样的坚强的共产主义战士。同时，它也可以泛指所有那些平凡而伟大的人物，他们在生活的各种困难和挑战中，凭借坚定的信念和顽强的毅力，最终实现了自己的人生价值。

4. 在战友墓前，保尔有过这样一段著名的内心独白：“人最宝贵的是生命，生命每个人只有一次。人的一生应当这样度过：当回忆往事的时候，他不会因为虚度年华而悔恨，也不会因为碌碌无为而羞愧。”阅读这段话，写下你的感受与思考与同学交流分享。

简·爱

《简·爱》是19世纪英国女作家夏洛蒂·勃朗特的成名作，也是代表作。这部长篇小说一经出版，立刻引起文学界的普遍关注。由于出版时使用了男性署名，大家纷纷打听、猜测作者究竟是谁。《简·爱》对当时的英国社会和英国文学有着不小的影响，也给今天的读者带来关于自我成长、爱情婚姻、人生价值等诸多方面的思考和启示。

文本解读

1. 简·爱有什么性格特征

小说详细叙述了主人公从童年时期直至婚后充满波折的成长经

历，塑造了一位与英国传统小说截然不同的女性形象。英国传统小说中常见的是那些无病呻吟、矫揉造作的上流社会的小姐、太太，她们没有自己的人生追求，依附于男性和家庭。简·爱虽然出身卑微、相貌平平，却始终维护独立人格，主张人人平等，成为后来欧美女性主义文学的先声。作者在写小说前曾对妹妹艾米莉说："我要写的是一个新型的女主人公，她同我一样矮小和丑陋，但是我相信她将能同你们塑造的任何一个漂亮的女郎媲美，在读者中引起极大的兴趣。"①的确是这样，小说中简·爱的独立自主、坚强勇敢、善良宽容、自尊自爱给读者留下深刻印象。

（1）独立自主

简·爱是一个极具独立自主意识的女性。她自幼父母双亡，寄人篱下的生活没有让她变得逆来顺受。她渴望经济独立，努力寻找工作，成了桑菲尔德庄园的家庭教师，以此养活自己。在爱情面前，她也坚守自己的独立人格，不依附于罗切斯特的财富和地位。当发现罗切斯特已有妻子时，她毅然决然地离开，不愿做违背道德的事情，坚守自己的原则和底线。

（2）坚强勇敢

面对生活中的种种苦难和挫折，简·爱展现出了坚强勇敢的品格。在舅妈家，她遭受舅妈、表哥的虐待和欺负，但她没有默默忍受，而是勇敢地反抗。在罗沃德学校，恶劣的生活条件和残酷的体罚并没有打倒她，反而让她更加坚定了追求自由和平等的信念。后来，

① 郑克鲁主编：《外国文学史》（上），246页，北京，高等教育出版社，1999。

得知罗切斯特的妻子还活着，她虽然痛苦万分，但还是坚强地承受住了打击，独自踏上了新的人生旅程。

（3）善良宽容

简·爱的内心充满了善良和宽容。她对自己的学生阿德拉关怀备至，耐心地教导她，呵护她成长。阿黛勒并非她的亲生女儿，她依然尽到了一个教师和母亲的责任。对于曾经伤害过她的舅妈，简·爱在其临终前，还是选择了原谅，展现了简·爱的宽容大度。

（4）自尊自爱

简·爱非常重视自己的尊严和价值。她坚信每个人都是平等的，不论贫富、美丑，都应该受到尊重。当罗切斯特向她表白时，她没有因为自己的身份地位而自卑，而是勇敢地回应了他的感情。同时，她也要求罗切斯特尊重她的人格和选择，不允许他对自己有任何轻视和侮辱。

2. 简·爱是传统社会的反抗者

"简·爱身上所表现出的追求自由、平等和维护人的尊严的信念和举动，其实反映了工业革命后新兴的资产阶级的要求。"[①] 当时英国正由农业国向工业国过渡，贵族阶级已经逐渐走向没落，但仍然以等级观念维护自己的社会地位。作者用新的思想对旧的社会观念发起了猛烈攻击。简·爱有着自己新的坚定的理想信念，势必与传统社会

① 夏洛蒂·勃朗特著，《简·爱》（译序），黄源深译，5页，南京，译林出版社，2018。

发生冲突，因此她又具有反抗者的形象。这表现在小说的各个方面。

首先，是对传统爱情观念的反抗。简·爱真诚勇敢，敢于冲破阶级鸿沟、蔑视社会习俗。简·爱对罗切斯特的爱是真诚而热烈的，她敢于直面自己的内心，大胆地向罗切斯特表达自己的爱意，没有丝毫的矫揉造作和虚伪掩饰。当她以为罗切斯特要娶英格拉姆为妻时，她内心非常痛苦，但仍勇敢地说出了自己的心里话，希望罗切斯特能感受到她的爱。这种真诚和勇敢使她的爱情更加纯粹和坚定。简·爱追求平等和独立。简·爱认为每个人在爱情中都是平等的，不该因社会地位、财富或外貌的差异而有不同的待遇。她虽出身低微、相貌平平，但在面对富有且地位高的罗切斯特时毫不自卑，保持自己的独立人格和尊严。她不会因为与罗切斯特的爱情而放弃自己的工作和独立的生活，始终以平等的姿态与他交往、恋爱。简·爱坚守自尊自爱。简·爱非常重视自己的尊严和价值，当她发现罗切斯特已有妻子时，尽管深爱着他，她还是毅然离开了桑菲尔德庄园。她不愿意做违背道德的事情，也不允许自己的爱情建立在不合法的基础上。她的自尊自爱使她在爱情中保持了清醒的头脑，没有因为爱情而失去自我。

其次，是对传统阶级观念的反抗。传统社会阶级壁垒森严，不同阶层之间的流动非常困难，人们普遍接受并遵循这种阶层划分。但简·爱并不认同这种阶级观念，她不认为出身和财富决定一个人的价值。她在面对富有且地位高的罗切斯特时，没有丝毫的自卑和怯懦，而是以平等的姿态与他交往。当罗切斯特向她表白时，她也没有因为对方的财富和地位而轻易接受，而是坚持自己的原则和尊严。在传统社会中，人们对财富有着强烈的追求和崇拜，认为财富是衡量一个人是否成功和幸福的重要标准。然而，简·爱对财富并不看重。当她意外获得叔父的巨额遗产后，她没有因此而改变自己的生活方式和价值观，而是选择将遗产与亲人分享。她更注重的是精神上的富足和人与人之间的真情。

再次，是对传统教育观念的反抗。在家庭教育方面，面对舅母一家的虐待和欺凌，年幼的简·爱没有选择默默忍受，而是勇敢地反抗。例如，当表哥对她进行暴力攻击时，她会不顾一切地与表哥对抗，尽管她的力量很弱小，但她的反抗精神却十分强烈。这种行为是对舅母一家不公正对待的直接反抗，展现了她不屈服于恶劣家庭环境的坚强意志。在学校教育方面，简·爱敢于反对学校的残酷制度和虚伪的校长。罗沃德慈善学校的环境非常艰苦，孩子们吃不饱、穿不暖，还要忍受严厉的校规和体罚。校长布罗克赫斯特先生是一个伪善、残酷的人，他主张对学生进行严格的宗教教育和体罚，以压制学生的天性。简·爱对这种不合理的教育制度和校长的虚伪行为感到不满和愤怒。例如，当校长在全校师生面前诬蔑她是一个撒谎的坏孩子，并要对她进行体罚时，她内心充满了反抗情绪，虽然表面上不得不接受惩罚，但她的眼神和态度都表现出了对这种不公的坚决反抗。

最后，是对传统宗教观念的反抗。在当时的宗教环境下，宗教教义对人们的思想和行为有着严格的约束，女性更是被要求绝对地服从宗教教义。慈善学校的校长布罗克尔赫斯特就是一个极端的宗教主义者，他用严厉的宗教教义对简·爱等学生进行残酷的精神压制和折磨。但简·爱并没有被这种宗教压迫所束缚，她对宗教教义有着自己的理解和思考，敢于质疑宗教的不合理之处，坚持自己的信仰和价值观。

3. 全书的艺术构架

有研究者认为《简·爱》采用了双线并行的叙事结构。一条是爱情线，以简·爱与罗切斯特的爱情发展为主线，详细描写了他们从相识、相知、相爱到分离、重逢的过程。这条线展现了简·爱对爱情的追求、对平等的渴望以及她在爱情面前的自尊和坚定。另一条是成长线，也就是简·爱的成长历程。她从一个寄人篱下、受尽苦难的孤儿，逐渐成长为一个独立、坚强、自信的成熟女性。她在盖茨黑德、罗沃德、桑菲尔德、沼泽居等地的经历，不断地塑造和完善着她的性格，使她学会了如何面对困难、如何坚持自我、如何追求幸福。这两条线相互交织、相互影响，构成了小说的主体结构。

另外，《简·爱》的小说结构与但丁《神曲》的艺术结构遥相呼应，文中还多次引用神话、史诗、莎士比亚的著作和其他文学经典，赋予了一部爱情题材小说厚重的文化内涵。小说可以分为地狱、炼狱、天国三个部分：

地狱。小说中，盖茨黑德和罗沃德可被视为地狱。在盖茨黑德，简·爱寄住在舅母家，舅母的嫌弃、表哥的欺负以及“红房子”事件等，给简·爱带来了肉体和精神上的痛苦与恐惧，这里的生活压抑且阴森，充满了不公正和冷漠，如同地狱一般。在罗沃德，学校教规严厉、生活艰苦，校长是个冷酷的伪君子，孩子们吃不饱、穿不暖，还时常受到精神和肉体上的摧残，“死亡成了这里的常客”，这里的环境进一步加深了简·爱　爱所经历的苦难，是另一个可怕的地狱。

炼狱。桑菲尔德和沼泽居是简·爱的炼狱。在桑菲尔德，简·爱找到了爱情，但是罗切斯特已有疯妻的事实成为她爱情道路上的巨大阻碍，她在道德与情感的冲突中挣扎，这是一种精神上的磨砺和考验。而在沼泽居，简·爱经历了艰苦的生活和内心的孤独，她努力工作、自我反思，不断地净化自己的心灵，逐渐变得更加坚强和成熟。

天国。最后，简·爱与罗切斯特结合并诞生了象征新生的下一代，这也暗示着她到达了理想的境界，获得了幸福和圆满，如同到达了天国。这种《神曲》式的艺术构架使小说具有了深刻的哲学内涵和宗教意味，也让读者看到了简·爱从苦难中不断成长、最终获得幸福的过程。

4. 富有激情和诗意的语言

《简·爱》的副标题为“一部自传”，故事情节由女主人公以第一人称“我”加以叙述，情感真挚而热烈，使读者能够更加深入地了解简·爱的内心世界和情感变化。

（1）人物情感的诗意表达

当罗切斯特将简·爱视作知己倾吐心声，热烈地表达感激之情后，简·爱虽然很快离开了罗切斯特的房间，但是内心激动不已，小说这样描写：

> 我被抛掷到了欢快而不平静的海面上，烦恼的波涛在喜悦的巨浪下翻滚，如此一直到了天明。有时我想，越过汹涌波涛的水面，我看到了像比乌拉山那么甜蜜的海岸，时而有一阵被希

望唤起的清风，将我的灵魂得意洋洋地载向目的地，但即使在幻想之中，我也难以抵达那里——陆地上吹来了逆风，不断把我刮回去。[①]

简·爱内心的喜悦和兴奋并未直抒胸臆，而是借助比喻巧妙而贴切地表现了人物此刻的心情，“欢快而不平静”“喜悦”“甜蜜”“希望”“得意洋洋”，这些形容情感的词汇揭示了简·爱与罗切斯特之后的情感发展。但是，“陆地上吹来了逆风”，让简·爱难以抵达目的地，这也暗示了两人的情感之路并不平坦且布满荆棘。

（2）自然景物的诗意描绘

简·爱初到桑菲尔德，对这里的一切感到新奇，也对自己离开寄宿学校能够自食其力开始一段新的人生经历充满期待。在她的眼里，桑菲尔德周围是这样的景色：

夏天，这里野玫瑰盛开；秋天，坚果与黑草莓累累，就是现在，也还留着珊瑚色珍宝般的蔷薇果和山楂果。但冬日最大的愉悦，却在于极度的幽静和光秃秃的树木所透出的安宁。微风吹来，在这里听不见声息，因为没有一枝冬青，没有一棵常绿树，可以发出婆娑之声。片叶无存的山楂和榛灌木，像小径中间磨损了的白石那样寂静无声。小路两旁，远近只有田野，却不见吃草的牛群。偶尔拨弄着树篱的黄褐色小鸟，看上去像是忘记掉落的

① 夏洛蒂．勃朗特：《简·爱》，黄源深译，151页，南京，译林出版社，2018。

零星枯叶。[①]

这是冬季一月份的某个下午，简·爱独自一人漫步在寂静的小路上，尽情地享受冬日的安宁，欣赏着周围的风景。虽然冬日空气寒冷、万物凋零，但是主人公依然能够发现冬日的乐趣，这充分体现了简·爱初到桑菲尔德的愉快心情，也为随之而来的简·爱与罗切斯特的第一次相遇做好了充分的环境营造。

（3）对命运和人生的激情思考

撰写《夏洛蒂·勃朗特传》的盖斯凯尔夫人曾不无感慨地赞叹作者："有着什么样的热情，什么样的烈火啊！"书中人物表达心迹与情感的语言，那么炽热浪漫，充满激情，又那么富有魅力，打动着千千万万读者的心灵。例如，即使简·爱面对地位高贵的罗切斯特，也不卑不亢地发表了自己的爱情宣言：

难道就因为我一贫如洗、默默无闻、长相平庸、个子瘦小。就没有灵魂，没有心肠了？——你不是想错了吗？我的心灵跟你一样丰富，我的心胸跟你一样充实！要是上帝赐予我一点姿色和充足的财富，我会使你同我现在一样难分难舍，我不是根据习俗、常规，甚至也不是血肉之躯同你说话，而是我的灵魂同你的灵魂在对话，就仿佛我们两人穿过坟墓，站在上帝脚下，彼此平

① 夏洛蒂·勃朗特：《简·爱》，黄源深译，109–110页，南京，译林出版社，2018。

等——本来就如此！”[①]

这段话是简·爱的经典名言，充满了对命运的不屈和对人生平等的追求。她用坚定的语气表达了自己对尊严和平等的渴望，即使面对种种不公和苦难，也绝不放弃自己的信念。这种对人生的深刻思考和激情表达，成为小说的灵魂所在，也激励着无数读者勇敢地追求自己的梦想和幸福。另外，对于性别的认知，作者也常借助人物之口毫不避讳地表达，这无疑超出了当时社会的传统习俗。例如：

一般都认为女人应当平平静静，但女人跟男人一样有感觉。她们需要发挥自己的才能，而且也像兄弟们一样需要有用武之地。她们对严厉的束缚、绝对的停滞，都跟男人一样感到痛苦。比她们更享有特权的同类们，只有心胸狭窄者才会说，女人们应当只做做布丁，织织长袜，弹弹钢琴，绣绣布包。[②]

这段话是简·爱成为家庭教师之后的所思所想。她不承认女人是依附于男性的“第二性”，她们跟男人一样有感觉，尤其是争取自由平等和实现自我价值。同时，她也清醒地认识到，男性是社会的特权阶层，女性想要冲出家庭取得平等的待遇，还需要长期的努

① 夏洛蒂·勃朗特：《简·爱》，黄源深译，252页，南京，译林出版社，2018。

② 夏洛蒂. 勃朗特：《简·爱》，黄源深译，108页，南京，译林出版社，2018。

力和斗争。

知识要点

◎ 柯勒·贝尔

这是夏洛蒂·勃朗特出版《简·爱》时用的署名，在英国代表着男士的姓名。在当时的英国社会，女性多被束缚于家庭中，不便走向社会公开发表自己的文学作品。桂冠诗人骚塞曾回信对夏洛蒂说："文学不是女人的事情，你们没有写诗的天赋。"当时，勃朗特三姐妹出版了一本诗集，分别用了三个假的男性署名：柯勒·贝尔、埃利斯·贝尔和阿克顿·贝尔。

◎ 女性文学

具有现代人文精神内涵，以女性为经验主体、思维主体、审美主体和言说主体的文学。这种文学形式不仅关注女性作家的作品，也探讨两性关系、女性意识以及文学表达方式的多样性。女性主题加上抒情笔调，是夏洛蒂·勃朗特创作的基本特色，也是她对后世英美作家的重要影响所在，她的作品被视为"现代女性小说"的楷模。

学习拓展

辑评

● 《简·爱》使我非常感动，非常喜爱，请代我向作者致意和道谢。这是我能一连几天读而不厌的第一部英国小说。——英国著名作家萨克雷

● 柯勒·贝尔（夏洛蒂·勃朗特笔名）所写的一切都是不平常的。凡是她触过的东西，无不留下独创的印记。——英国女作家哈丽特·马丁诺

● 《简·爱》的结尾过于圆满了，甚至脱离了那个时代女性不具备地位的社会特点，它是“败笔”。——美国作家辛克莱·刘易斯

参考文献

①夏洛蒂·勃朗特：《简·爱》，黄源深译，南京，译林出版社，2018。

②夏洛蒂·勃朗特：《夏洛蒂·勃朗特书信》，杨静远译，北京，生活·读书·新知三联书店，1984。

教学建议

1. 简·爱经历了地狱般的苦难（盖茨黑德府和罗沃德学校）、炼狱般的折磨（桑菲尔德庄园和沼泽居），终于到达了天堂般的理想境界（芬丁庄园）。而引导她走完艰难人生历程的是自尊自爱、坚强独立的精神品格。人物的性格形成与其人生经历密切相关，请梳理简·爱的成长经历，分析不同人生阶段的生活环境、主要人物和主要事件。

简·爱的成长经历

地　点	生活环境	主要人物	主要事件
盖茨黑德			
罗沃德			
桑菲尔德			
沼泽居			
芬丁庄园			

2. 在书中找出简·爱与不同人物的对话，与同伴分角色朗读；或是找出简·爱的心理描写，有感情地朗读。通过简·爱的语言对话和心理活动，你读出了人物什么样的性格特征？

3. 由于当时社会环境所限，作者出版小说时用的是柯勒·贝尔这样一个男性署名。请你给夏洛蒂·勃朗特写一封信，谈一谈你眼中的简·爱以及小说带给你的感受与启示。

图书在版编目（CIP）数据

初中外国作品新解 / 胡春梅著 . —北京 : 北京师范大学出版社 , 2025.8.—(语文新解系列). —ISBN 978-7-303-30618-3

Ⅰ . G633.302

中国国家版本馆 CIP 数据核字第 2025SG6773 号

出版发行：北京师范大学出版社 www.bnup.com
北京市西城区新街口外大街12-3号
邮政编码：100088
印　　刷：北京盛通印刷股份有限公司
经　　销：全国新华书店
开　　本：730 mm × 980 mm　1/16
印　　张：15.5
字　　数：200千字
版　　次：2025年8月第1版
印　　次：2025年8月第1次印刷
定　　价：45.00 元

策划编辑：禹明超　　责任编辑：肖　寒
美术编辑：王齐云　　装帧设计：王齐云
责任校对：陈　民　　责任印制：赵　龙